【改訂】2版

最新 いちばんわかりやすい

会社のつくり方がよくわかる本

税理士 原 尚美

ソーテック社

Cover Design…Yoshiko Shimizu (smz')

「起業」なんと、魅惑的で危険な香りのする言葉でしょうか

会社員という安全なシェルターのドアを開け、一歩踏み出した外の景色は、想像していたバラ色の世界とはかぎりません。

右に進むべきか、左に行くべきか、走り抜けるべきか、立ち止まるべきか、起業という世界は、地図も目印もないモノクロの世界です。強風吹きすさぶ激しい嵐の日も照りつける日差しの日も、夢の実現を目指して、世界をひたすらあなた色に染めていくのが、起業の醍醐味といえます。

そのとき、あなたを守るものは、まだ存在すら定かでない、「約束の地」を信じるあなたの精神力だけです。

私自身、顧客ゼロから起業し、今ではスタッフ30名の会計事務所を主宰しています。これまでに、500人を超える起業家の会社設立をサポートしてきました。その経験をもとに、「知恵」という武器を起業家のみなさまに届けようと、会社にするタイミングや、会社にする7つのメリットと3つのデメリットについて書かせていただきました。

消費税が改正となった今こそチャンスです

みなさまご存じのように、令和元年、小さな起業家にとって大きな出来事がありました。消費税率が10%にアップし、私たちの資金繰りを圧迫しています。しかし、消費税がアップした今こそ会社をつくる絶好のチャンスでもあるのです！

その理由は本書で詳しく説明していますが、消費税のアップ分だけ節税メリットが大きくなるからです。

しかし同時に残念ながら、消費税の節税メリットは令和11年で終わりを告げてしまいます。インボイス方式の導入により、免税事業者も課税事業者となるべきか選択を迫られることになるからです。

会社をつくるのは今しかない！　とピンときた人は、最終章の「1人でできる世界一シンプルな会社のつくり方」を参考に、設立登記にチャレンジしてみましょう。

本書が、勇気を持って一歩を踏み出すきっかけになってくれれば、ひいては日本全体をパワーアップする原動力の一かけらとなってくれれば、こんなにうれしいことはありません。すべての個人事業主、そして起業家のみなさまの成功を、心からお祈りしています！

原　　尚　美

第1章　会社をつくるメリットとデメリット

第2章　個人事業と会社組織はどっちがお得？

第5章　世界一やさしい会社のつくり方

会社にするかどうか迷ったら

チェックリストを使って自己査定してみよう

判断基準とチェックリストの説明

　第2章「個人事業と会社組織はどっちがお得？」には、各項目ごとに「会社にするかどうかの判断基準」「法人化チェックリスト」がそれぞれ45個あります。各設問に「**Yes**」「**No**」で答え、Yesはひとつ1点、Noは0点で計算し、その合計点に該当する解説部分・総合採点表を参考にしてください。会社をつくったほうがいいのか、個人事業にしておくべきなのか、大きなものさし代わりになるようになっています。

今、自分がどのステージにいるのか、ひと目でわかるから、とても便利ですよ

※　設問は各項目ごとに「所得がいくら以上あるかないか」とか、判断基準となる金額や内容になっています。該当する項目においては、所得が330万円以上であったり、290万円以上であったりしますが、これはいろいろな視点から総合的に判断できるように、各項目ごとに見て、○○○万円以上ならその項目では会社にしたほうが得というラインを選んでいるからです。

※　設問中、「所得」は、売上から経費を引いた金額をあてはめて考えます。基礎控除などの各種所得控除は、ここでは考慮していません。

● 会社にするかどうかの判断基準

1 点から 10 点の場合

あなたの場合、まだ事業規模が小さいので、会社組織よりも個人事業のほうがメリットが多いといえます。

今後、事業規模を拡大していきたいと考えている場合には、1年から5年後の事業計画書を作成することをお勧めします。事業計画書の中で、何年後に会社設立を目指すかを定めておきます。夢は、具体的な行動を起こすことでかなうものです。

11 点から 23 点の場合

会社をつくるメリットとデメリットを、具体的に検討する時期にきています。

会社をつくるメリットは節税だけではありません。会社にすることで社会的な信用を得ることができ、さらに事業を拡大することが可能になります。

検討の結果、会社にするメリットがデメリットよりも大きい場合には、そろそろ会社設立の準備をはじめましょう。

まだデメリットのほうが大きい場合には、「これをクリアしたら会社をつくる」という数値目標を設定し、目標に向かって行動するといいでしょう。

24 点から 36 点の場合

会社をつくるメリットを十分に享受できる事業規模なので、迷わず会社をつくるべき時期だといえます。

資本金1,000万円未満で会社を設立すると、最初の2年間は消費税の申告・納税が免除されます。節税メリットを最大限に生かすためにも、どの時点で会社を設立すべきか具体的に検討しましょう。会社にした場合、事業主以外に出資者をつのるのか、役員を誰にするのかなど、決めなければならない事項について、リストアップをはじめるといいでしょう。

37 点から 45 点の場合

事業規模を考えると、特別な事情がないかぎり会社組織にしない理由がありません。今すぐ、会社設立の手続きをしましょう。

このくらいの事業規模になると、仕入れなどの支払い金額も大きく、資金繰りを計画的に行う必要があります。会社にすれば正確な記帳が要求されます。個人と事業の資金の区別をつけることで、事業用資金を安心して再投資に回すことができます。

この規模になると、一般的には、会社にするデメリットはほとんど気にする必要がないといっても差し支えないでしょう。

●法人化チェックリスト

あなたの場合、会社組織にして事業規模を拡大していこうという強い気持ちが固まっていません。会社にした場合の節税メリットに興味はあるけれど、申告や手続きが面倒だと感じていたり、会社にした場合のコストアップなどが気になっているようです。現在の売上高だけでなく、1年後の売上見込み額を想定して、節税額がどの程度になるのかシミュレーションしてみるといいでしょう。
事業を拡大するよりも現状維持で十分だという気持ちのほうが強いようなら、無理して会社をつくるより個人事業を続けていくほうがいいでしょう。

11 点から 23 点の場合

あなたの場合、仕事や事業が人生の中でどのような位置づけにあるのか、今一度よく考えてみることをお勧めします。今後、事業を大きくしていきたいという強い気持ちがあるならば、会社設立についても真剣に検討してみてください。
特に、事業開始のための設備資金や当座の運転資金が、どのくらい必要になるのかシミュレーションしてみましょう。その際、金融機関からの融資の可能性などもあわせて検討してみます。必要な自己資金を計画的に貯めるなど、会社設立に向けて動きだしましょう。

24 点から 36 点の場合

あなたには事業を拡大したいという意欲があるので、思い切って会社をつくることをお勧めします。会社をつくることで、取引先の信用度を増すこともできるばかりか、優秀な従業員を採用することも可能になります。会社組織の場合、経理や労務管理といったコストがアップしますが、今後、事業規模を拡大するための必要経費と割り切ることも必要です。事業を取り巻く環境が厳しい場合でも、前向きな気持ちを忘れずにいることで、大きく飛躍することができるでしょう。

37 点から 45 点の場合

現在の事業規模と事業周りの環境を考えると、あなたが会社をつくらない理由は何も見当たりません。規模の拡大にともなって増加する事業リスクから、事業主を守るためにも　会社にすることをお勧めします。
会社をつくることに何らかの障害やリスクがあるのであれば、その障害が本当に重大なものかどうかをじっくり考えてみてください。もし取り除くことが可能な障害であるのなら、1日も早く会社をつくることをお勧めします。

●「すぐに会社をつくるべきか」総合採点表

←-------------- 法人化チェックリスト --------------→

会社にするかどうかの判断基準

	1〜10点	11〜23点	24〜36点	37〜45点
1〜10点	事業規模や周囲の状況を考えると、会社にするより個人事業がぴったりです。	今はまだ会社設立を考える時期ではありません。まずは事業を軌道に乗せることに専念しましょう。	あと1年間様子を見てから、会社設立のメリット・デメリットについて検討するといいでしょう。	会社にするためには、もう少し事業規模を大きくする必要があります。会社にした場合のデメリットも検討しておきましょう。
11〜23点	そろそろ会社にすべきかどうか、検討をはじめていいころです。	会社にすべきか個人事業を続けるかは、将来、事業規模を拡大したいという強い気持ちがあるかどうかで判断しましょう。	会社にした場合のデメリットを、再度検討して、事業を拡大する意欲があるなら設立準備に入ってもいいかもしれません。	少し早いタイミングですが、思い切って設立準備に入ってもいいかもしれません。
24〜36点	会社にすることで、ビジネスチャンスは、確実に広がります。税理士などの専門家に相談してみる時期にきています。	会社にするメリットは節税だけではありません。ほかのメリットも享受できるように、具体的な数値目標を決めましょう。	会社設立に向けて具体的な計画を立ててみましょう。今後も事業拡大が見込めるなら、設立準備に取りかかりましょう。	会社設立に絶好のタイミングです。すぐに設立準備に取りかかってください。
37〜45点	会社にするメリットは確実にあります。会社にした場合の節税額を何度も計算してみて、勇気を出して決断しましょう。	会社にすべき事業規模です。会社設立を躊躇させる原因があるのなら、家族や従業員の意見も確認して判断しましょう。	会社をつくれば、事業発展すること間違いなしです。節税メリットを上手に生かして、事業をさらに発展させましょう。	迷っている場合ではありません。何も考えず、今すぐ会社を設立すべきです。

会社をつくるメリットとデメリット

「会社をつくるのもありかな？」と思ったら、会社をつくるメリットとデメリットをちゃんと理解して、しっかりとした判断をしなくてはいけません。

そのためには、知っておかなくてはいけないルールや法律の話があります。

第1章では、本当に基本的なことを簡単にお話しします。

最初は書いてあることが難しく感じるかもしれませんが、第1章では、出てくる「単語」や「太字になっている部分」を頭の片隅に残しておくだけで大丈夫です。

会社にすると、節税ができて 社会的信用力もアップする

❶ 会社をつくったほうが得ってホント？

個人事業でやるのがいいのか？

会社をつくったほうがいいのか？

これは事業をはじめるときに、誰もが1度は悩む大問題です。

最初から会社をつくって、スタートするもよし。まずは個人事業主として開業し、様子を見ながら会社にするかどうか慎重に考えるのもよしです。また、ずっと個人事業でやってきたけれど、最近、売上も伸びてきたし、そろそろ会社にしたほうがいいのでは……と考えはじめた人もいると思います。

しかし、会社と個人事業の違いを理解することもなく、やみくもに会社をつくればいいというものではありません。自分にとってメリットがなければ会社にする意味がないばかりか、もしかしたらデメリットばかりだった……なんてことになりかねません。つくった会社をたたむのは、実は会社をつくる以上に大変なのです。

まずは、会社をつくる7つのメリットについて、ズバッとお答えします。

❶ 個人事業では認められない費用も、会社だと経費にできる

❷ 事業主や家族に給料を払うことで、結果的に税金が安くなる

❸ 事業主や家族も、社会保険に加入することができる

❹ 会社の借金に対して無限に責任を負わなくてもよいので、個人資産を守ることができる

❺ 会社にすると社会的信用がつき、事業を拡大することが容易になる

❻ 事業承継や事業の売却をスムーズに行うことができる

❼ 事業年度や納税地を自由に設定できる

次に、7つのメリットを理解するのに知らないではすまされないポイントを順番に解説していくので、しっかり覚えてください。

❷「法人格」ってどういうこと？

そもそも、会社とはいったい何なのでしょうか。

会社は、法務局に登記することによって、はじめて自然人と同じように「人格」が認められ、法律上の権利を主張したり、義務を負ったりすることになります。このように、**法律によって人格が認められる組織を「法人」**といい、法人の人格を**「法人格」**といいます。

法人のなかでも、特に営利を追求するためにつくられた組織が、いわゆる「会社」です。もちろん、会社が自分で考えたり行動したりすることはありません。実際の事業活動は、会社の代わりに自然人である代表者が行います。しかし、事務所を借りたり、従業員を雇ったり、取引先と契約したりなど、**ビジネスを行うなかで発生するすべての権利・義務は、代表者である個人ではなく、会社自身に帰属する**ことになります。

❸ 知らないと怖い、「権利・義務の帰属」

一方、個人で事業を行う場合には、もともと**自然人である「個人」**に事業にかかわるすべての権利・義務が帰属します。

もし売上が思うようにあがらなくて仕入代金が払えなかったら、それはあなた個人の責任！　になります。事業用の通帳に十分な残高が残っていなければ、学費用の定期預金を解約してでも支払わなければなりません。もし万が一、事業が行き詰って銀行から借りたお金が返せなくなったら、自己破産でもしないかぎり返済から逃れることはできません。なぜなら、事業を行っている「個人」とプライベートな生活を送る「あなた」を切り分けることはできないからです。**事業を営む「あなた」に帰属するすべての権利と義務は、同時にプライベートの「あなた」にも帰属します。個人で事業を営むということは、そういうこと**なのです。だから、事業用の機械を購入するために借りた融資でも、その負債はすべて、あなた個人が責任をもって返済しなければなりません。サラリーマン時代に貯めた貯金や退職金を使ってでも、最後まで返し続けなければならないのです。

❹「会社」と「個人事業」の違い

　会社をつくるメリットは、会社という「法人格」と会社の代表者である「自然人」が、法律的にまったく別の存在であるところがポイントです。

　たとえば会社にすると、本来なら個人で加入すべき生命保険に会社の名義で加入して、その保険料を経費にすることができます。

　また、代表者が持っているマンションを事務所として使う場合には、会社が個人に家賃を支払ったり、固定資産税を負担することも可能です。さらに家族を役員にしておけば、たとえその家族がほかで働いていても、非常勤役員として給料を支払ったり退職金を支払ったりすることで、結果的に大きな節税効果を生むこともできるのです。

　もうひとつ会社にする大きなポイントは、最悪の場合でも個人財産を守れる点です。

　会社が借りた借金は、業績が悪くなったからといってあなた個人の定期預金を崩してまで返済する義務はありません。病気をして事業が続けられなくなったり会社を売却することになったとしても、あなたが個人で持っている不動産や預貯金を処分する必要はないのです。事業を行うということは、常にいいことばかりが続くとはかぎりません。**最悪の事態が起きたとしても、会社にしておけば結果的に個人財産を守れるのです。会社にすることが、起業家にとって最低限のリスクヘッジになる**のです。

❺ 信用面の違い

　会社は、**社会的な存在**です。

　たとえば法務局に行けば、誰でも会社の本店所在地や役員の履歴などを閲覧することができます。また会社法という法律によって、年に1度、決算時の財産や債務の金額を公開（＝**決算書の公告**）しなければなりません。会社が個人に比べて信用力があるのは、そういった背景があるからです。

　上場企業はもちろんのこと、大手の企業になると、取引を開始する前に取引先となる会社の与信をまず評価します。信用できる相手か？　契約を守れるか？　継続して商品を納品できるか？　売上金を回収できるか？などを調べてからでないと、安心して取引をはじめることなどできません。そんなとき、あなたの会社の「**社会的信用力**」を裏づける材料として、「**登**

記」や「**決算書の公告**」というものが力を発揮してくれるのです。

　しかし、個人事業主は届出ひとつ出さずに、明日からでも事業をはじめたり、やめたりすることができます。そのため「大手さん」の中には、個人事業主は信用できないから取引しないという会社が少なくありません。

　将来的に事業を大きく伸ばしていきたいなら、会社にして「社会的信用力」をつけることは、十分条件ではなくても必要条件といえるのです。

● 会社をつくる７つのメリット

❶ 生命保険料などを経費にする

❷ 配偶者に給与を支払って扶養家族にする

❸ 事業主も社会保険に加入する

❹ 事業主にはどこまで責任があるか

有限責任　　無限責任

❺ 社会的信用があり、事業の拡大が容易

❻ 事業承継や事業売却が容易

大きい　　小さい

簡単　　難しい

❼ 事業年度など自由に設計ができる

会社にすると、消費税が最大2年間免除される

❶ 不思議な税金「消費税」のしくみ

　会社をつくるメリットの1つは、「節税」です。日本には、50種類以上の税金があります。車を買ったとき、運転したとき、お酒を飲んだとき、ゴルフをしたとき、そして会社をつくったとき、私たちは意識せずにたくさんの税金を払っているのです。

　えっ！　と思ったそこのあなた。

　税金は、日本という国家の大事な収入源なのだからしかたがありません。なんといっても、納税は、労働、教育と並ぶ、国民の3大義務の1つです。
　問題にすべきは「知っているか、知らないか」だけで、納める税金に大きな差が出てしまうことです。特に「どんなふうに会社をつくるか？」によって、納税額に大きな差がつくので、起業家のみなさんは知らなかったではすまされません。

　今は、十分な自己資金がなくても起業ができる時代です。しかし起業して3年後には、約半数の会社が撤退を余儀なくされているのも現実です。起業を成功させ軌道に乗せるには、スタート時にどれだけの資金を投入できるかで決まるといっても過言ではありません。
　親兄弟に頭を下げ、金融機関から融資を受けて、少ない自己資金を補い、ギリギリで回しながら、1年目、2年目を切り抜けていくのです。
　事業を起こした最初の苦しい時期に消費税を払わず、これを運転資金に回せる方法があるとしたら、これを利用しない手はありません。
　消費税は不思議な税金です。消費税の特徴を挙げると、次の7つになります。

❶ 消費税は、日本国内で行われるすべての取引に課税される
❷ 税金を負担する人（お客様）と、国に納める人（会社）が違う
したがって、
❸ 赤字でも、お客様から預かった消費税を払わなければならない
❹ 会社によっては、預かった消費税を払わなくていい場合がある
❺ 会社によって、払うべき消費税を簡便的に計算することもできる
❻ 法人税や所得税のように、減価償却という考え方が存在しない
❼ 利息や保険料、人件費など、消費税が課税されない取引もある

特に❹と❺の特徴は、起業家が押さえておきたい「消費税メリット」の最大のツボです。

あなたが、商品やサービスの代金と一緒にお店に払った消費税は、いったんお店が預かります。お店は、お客様から預かった消費税を1年に1回集計し、そこから仕入代金など自分が払った消費税をマイナスして、その差額を国（と地方自治体）に申告して納めるしくみになっています。

ちなみに、「お店」が個人事業主なのか会社なのかで、払う消費税の金額が違うということはありません。

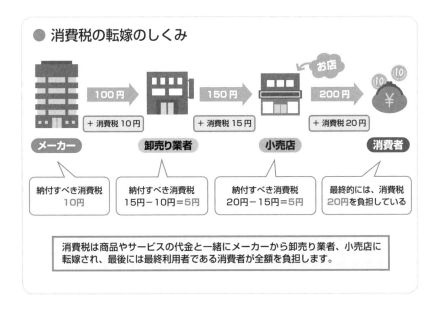

● 消費税の転嫁のしくみ

お店

メーカー	卸売り業者	小売店	消費者
100円 +消費税10円	150円 +消費税15円	200円 +消費税20円	10 10 ¥
納付すべき消費税 10円	納付すべき消費税 15円−10円＝5円	納付すべき消費税 20円−15円＝5円	最終的には、消費税 20円を負担している

消費税は商品やサービスの代金と一緒にメーカーから卸売り業者、小売店に転嫁され、最後には最終利用者である消費者が全額を負担します。

このとき、売上が1,000万円以下の小規模な事業者は、消費税の納税が免除されます。これを「消費税の免税事業者」といい、消費税の特徴❹に該当します。

さて、次が消費税の不思議ポイントなので注意してください。免税事業者に該当するかどうかは、今年の売上ではなく2年前の売上で判定されます。つまり、2年前の売上が1,000万円以下なら、今年の売上が1億円でも消費税を納める必要がないのです。ただし、前年の上半期の売上（または給料）が1,000万円を超えると課税事業者になるので注意してください。

では、起業して最初の年と2年目はどう考えればいいのでしょうか。設立して2年以内の会社には、2年前の売上なんてありません。ですから**設立して最初の2年間は、原則として消費税の申告・納税が免除される**のです。

消費税が免税になるというだけで、会社を作るのは本末転倒です。しかし、消費税の仕組みを活用して資金繰りに役立てるのは、悪いことではありません。

2023年10月から、消費税のインボイス制度が導入されました。インボイス制度とは、「適格請求書」を受け取った場合にかぎり、消費税の仕入税額控除を受けることができるという制度です。適格請求書を発行するためには、これまで免税事業者だった者も課税事業者となって、受け取った消費税を申告・納税しなければなりません。

しかし、2023年10月以降もメリット額は少なくなりますが、簡易課税の選択をすれば税務メリットは取れますし、2026年9月30日まで免税事業者がインボイス発行事業者になった場合は、売上額の20%を納税すればよいという特例もあります。

とはいえ、すべての会社が無条件で節税できるわけではないので注意してください。消費税メリットを最大限に生かすためのチェックポイントは、次の3つです。

チェックポイント❶ 資本金1,000万円未満で会社を設立する

設立したばかりの最初の2年間は、2年前はまだ事業をはじめていないので、2年前の基準年度の売上は0円ということになります。したがって、1年目の会計年度が12カ月になるように決算期を設定すれば、最大24カ

月の節税メリットを受けられるというわけです。

このとき注意しなければならないのが資本金です。設立したばかりで、2年前の売上が0円だからという理由で免税業者になれるのは、資本金が1,000万円未満の小規模な会社（個人事業主も含まれます）に限定されているからです。資本金が1,000万円以上の会社（「消費税の新設法人」といいます）は、たとえ基準期間がなくても、設立1年目と2年目は課税事業者として扱われ、消費税を納めなければなりません。

ところで個人事業主が会社をつくった場合、基準年度の売上はどのように判断されるのでしょうか。2年前も個人で同じ事業をしているのだから、個人時代の売上高が1,000万円を超えていたら課税事業者になるのでしょうか。それとも、個人は個人、会社は会社で判断してもらえるのでしょうか。

正解は後者です。たとえ個人事業主として同じお店を営業していたとしても、会社と個人は別の人格です。なので、会社をつくったらそれだけで、2年前の売上は0円と判定して差し支えありません。

これはつまり、**まず個人事業で起業し、その後資本金1,000万円未満の会社をつくったら、最大で48カ月もの消費税メリットを受けられる**ことになります。

チェックポイント❷ 設立1年目の役員報酬に注意する

消費税メリットは、よちよち歩きの小さな起業のためのものですが、たとえ資本金が1,000万円未満でも、設立1年目の上半期の売上が1,000万円を超えたら、2年目は課税事業者になります。設立直後の半年間で売上が1,000万円を超えるような優秀な会社は、消費税もちゃんと払ってくださいというわけです。この場合、設立1年目は消費税メリットを受けられますが、2年目は「若葉マーク」が外れて、通常年と同じように、消費税を申告・納税しなければなりません。

しかし、起業家たるものここで簡単にあきらめてはいけません。「若葉マーク」の要件はもうひとつあって、たとえ半年間で売上が1,000万円を超えても、最初の6カ月間の人件費が1,000万円を超えなければいいいことになっています。その場合は、設立2年目もやはり2年前の売上は0円ですから、1年目と同じように消費税メリットを受けられるというわけです。

第1章 会社をつくるメリットとデメリット

個人事業と会社組織はどっちがお得？

第2章 事例に基づいて税金を計算してみよう

第3章 会社をつくる前に知っておくことやっておくこと

第4章 世界一やさしい会社のつくり方

第5章

そこで大事なのが役員報酬です。この場合の人件費には、自分や家族に支払う役員報酬も含まれるからです。80頁で説明しますが、役員報酬は1度決めたら次の決算確定時（定時総会のとき）まで変更することができません。あとで悔しい思いをしないように、法人税や所得税だけでなく、消費税などさまざまな知識を身につけて自分の役員報酬を決めましょう。

チェックポイント❸ 最初の会計年度が、7カ月になるように、決算期を設定する

それでは、設立して半年後から売上が1,000万円を超えてしまう会社、役員報酬をギリギリまで減らしても6カ月間の給料の合計が1,000万円を

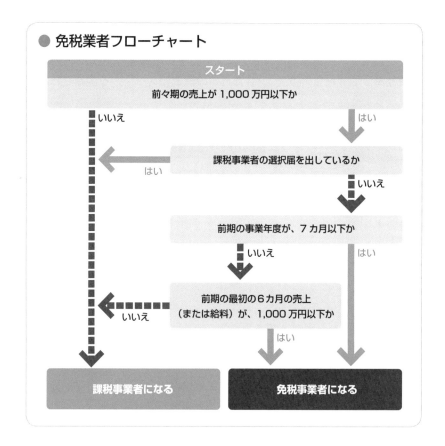

● 免税業者フローチャート

スタート

前々期の売上が 1,000 万円以下か

いいえ / はい

課税事業者の選択届を出しているか

はい / いいえ

前期の事業年度が、7 カ月以下か

いいえ / はい

前期の最初の6カ月の売上（または給料）が、1,000 万円以下か

いいえ / はい

課税事業者になる　　　免税事業者になる

超える「優良な」会社は、あきらめるしかないのでしょうか。もちろん資本金が1,000万円未満なら、どんなに優秀な会社でも初年度は消費税メリットを甘受できます。問題は設立2年目です。

しかし、安心してください。この場合も少しの工夫で、2年目も消費税メリットを受けることができます。去年の会計年度が7カ月以下の場合は、「若葉マーク」を外さなくてもいいというルールがあるからです。つまり**消費税のメリットを最大限活用するために、設立1年目の会計年度が7カ月になるように、決算期を決めておけば、2年目の12カ月とあわせて、最大19カ月分の消費税メリットを受けることができる**のです。

❷ 消費税の簡単な計算方法「簡易課税制度」

特徴❶（18頁参照）を思い出してください。消費税は、原則として日本国内で行われるあらゆる取引に課税されます。仕入先から届く請求書には、1万円の本体価格に10％の消費税1,000円が別途記載されているのが通常です。しかし、すべての仕入業者が消費税を本体価格と分けて請求してくれるとはかぎりません。「1万1,000円（10％消費税込）」という請求書もあれば、単に「1万1,000円」というケースも考えられます。なかには、単に1万円だけを請求してくる仕入先もあるかもしれません。しかし請求書に、消費税の記載がなかったからといって、消費税が課税されないわけではありません。こういう場合には、消費税込で1万円と考えます（令和元年より消費税が10％と8％の複数税率になっているため、請求書や領収書には消費税率の記載が義務づけられています。令和5年にインボイス方式が導入されるまでは、消費税率の記載がない請求書などは自分で税率を記載しておきます）。そこで、1万円を1.1で割って、まず税抜き価格9,090円を計算し、それに10％を掛けて、消費税910円を把握します。

毎日、毎日、これらすべての取引を記帳するのは、小さな起業家のみなさんにとっては大きな負担です。そこで、国は「消費税の簡易課税制度」という簡単な計算方法を用意してくれています。

本来なら、国（と地方自治体）に納める消費税は、売上と一緒に預かった消費税から、みなさんが実際に支払った消費税をマイナスするのが原則です。しかし**簡易課税制度を選択すると、実際に支払った消費税ではなく、売上に一定の「みなし仕入率」を掛けて計算した消費税額を使えるので、事務作業がとても楽になる**のです。「みなし仕入率」は、業種によって決まっています（次ページの下表参照）。

23

簡易課税制度を選べる会社は、2年前の売上が5,000万円以下のヒヨコ会社です。免税事業者を判定するときと同じように、今年の売上で判断するわけではないので注意してください。

　簡易課税を選択した場合の税務署に申告・納付する消費税は、次の式で求められます。2023年10月1日から2026年9月30日までの間、2年前の課税売上高が1,000万円以下であるなどの条件を満たせば、売上額の80%を仕入税額控除できるという特例があります。確定申告書に「2割特例を受ける旨」を記載するだけで、この特例を受けることができます。

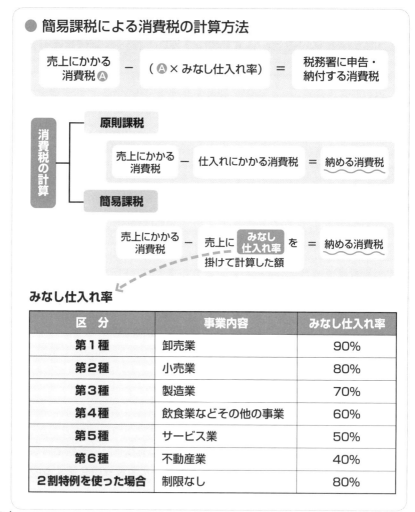

● 簡易課税による消費税の計算方法

みなし仕入れ率

区　分	事業内容	みなし仕入れ率
第1種	卸売業	90%
第2種	小売業	80%
第3種	製造業	70%
第4種	飲食業などその他の事業	60%
第5種	サービス業	50%
第6種	不動産業	40%
2割特例を使った場合	制限なし	80%

03　会社をつくる3つのデメリット

会社にすると、登記費用や運営コストがアップする

❶ 会社をつくるかどうかの判断

　会社をつくるということは、美味しいメリットだけが待っているわけではありません。会社をつくったために不自由になる場合もありますし、かえって損をする可能性もあります。

　会社をつくったあとで、個人事業のままがよかったと後悔しないために、会社をつくるとどういったデメリットが生じるのかを、事前にチェックしておきましょう。そして、想定されるデメリットとメリットを比較して、なおかつ会社にすべきかどうかを検討する姿勢が、起業で成功するためには大切なのです。

❷ 会社をつくる3つのデメリット

　それでは、個人事業に比べて会社をつくるデメリットとは何でしょうか。大きく分けると次の3点に集約されます。

❶ 会社を運営するコストがアップする
❷ 事業で儲けたお金（余剰金）を、個人で自由に使えない
❸ 会社の登記や税金の申告など、手続きが個人事業より面倒になる

❸ 登記費用は意外とかかる

　会社をつくるには、お金が必要です。実は会社にもいろいろな種類があります。最も一般的な株式会社をつくる場合、登録免許税など登記費用が20万円程度かかります。また会社が引っ越しをしたり役員が代わったりした場合も、その内容を法務局に登記しなければならないので、登記費用

が発生します。これらの登記手続きを司法書士などの専門家に任せると、さらに手数料が上乗せされ、予想外の経費がかかってしまいます。

❹ 会計帳簿と申告書をつくる ➡ 税理士への「報酬」が発生！

　会社は、貸借対照表と損益計算書という決算書をつくらなければいけません。税金の申告をするにも、個人事業と比べるとかなり複雑な申告書を作成しなければなりません。

　個人事業の時代には、売上と経費をExcelで集計したり、確定申告の無料相談を利用して自力で申告していた人も、法人税の申告となるとそうはいきません。税理士など専門家に依頼しないと、法人税の申告書は素人が簡単につくれるものではないからです。ということは、会計事務所に支払う手数料も見込んでおく必要が出てきます。

❺ 個人と会社の「財産が別」ということはどういうこと

　会社をつくったら、「会社の財産・負債」と「個人の財産・負債」とは、きっちり分けて考えます。万が一事業に失敗しても、会社の負債を個人の財産で弁済する必要がないのは、「メリット」のところで説明したとおりです。では、これを逆から見るとどういうことになるのでしょうか？

　「会社で儲けたお金を、個人が自由に使うことはできない」ということになります。

　会社にすると、あなたは給料や配当という形で自分の取り分を会社からもらいます。しかし、会社法や税法にはさまざまな制約があって、儲かっているからといって自由に給料をアップしたり、赤字の会社から配当したりすることはできないルールになっているのです。

❻ 会社のさまざまな手続きはなぜ必要か

　会社は、法務局に登記することによって「生まれる」社会的な存在です。そのため、会社法などさまざまな法律上の規制を受けます。

● 会社をつくる３つのデメリット

❶ 会社を運営するコスト

❷ 事業の儲けを自由に使えない

❸ 登録や申告の手続きが面倒

　会社の大事なこと、たとえば会社の名前や住所、資本金の額などを変更したら、その都度、法務局に登記が必要になります。決算をしたら株主総会を開いて、株主に決算内容の報告をして承認を得たり、役員であるあなたが会社から給料を取る場合は、株主総会や取締役会で１年間の報酬を決めるという手続きが必要です。

　どうせ株主１人・取締役１人の会社だからといって、この手続きをおざなりにしておくと、あとから税務調査で否認される……という事態になりかねません。

　あー、面倒くさいーという声が聞こえてきそうですが、こういった面倒な手続きをするからこそ、会社は社会的信用を勝ち得ることができることを忘れてはいけません。

● 会社が法務局に登記すべき事項（主なもの）

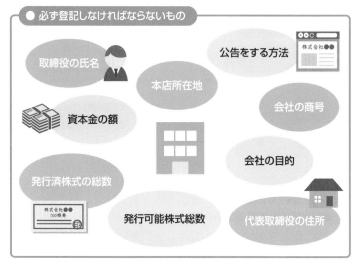

● 必ず登記しなければならないもの

取締役の氏名

公告をする方法

本店所在地

会社の商号

資本金の額

会社の目的

発行済株式の総数

発行可能株式総数

代表取締役の住所

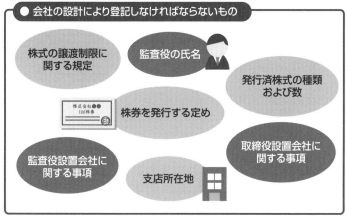

● 会社の設計により登記しなければならないもの

株式の譲渡制限に関する規定

監査役の氏名

発行済株式の種類および数

株券を発行する定め

監査役設置会社に関する事項

支店所在地

取締役設置会社に関する事項

POINT

● 会社をつくると、個人事業では必要のなかったさまざまな手続き
をしなくてはいけない。そのために、発生するコストなどを考え
ると、確実に個人事業と比べて維持費がかかる。

第 1 章で会社をつくる 7 つのメリットと 3 つのデメリットを紹介しました。第 2 章では、その理由を具体的に 1 つひとつ検証していきます。

この章が本書のキモとなる部分ですから、ここはちゃんと理解してください。

税金のこと、節税のこと、運営面のこと、個人資産のこと、社会的信用度のこと、事業の継続性のこと、各種手続きのこと、内容は盛りだくさんです。

専門的な用語も出てきますが、すべての意味を理解しようとする必要はありません。「え、そうなの？」なんてびっくりしないで、納得できるまで何度も読み返してください。必ず、うなずけるはずです。

読者のみなさんは、税の専門家を目指しているわけではないと思います。理由なんてどうでもいいから、会社にすべきかどうかだけを知りたいという人は、太字と POINT だけチェックすれば OK です。

いやいや、メリットとデメリットの根拠をちゃんと詳しく知りたいという人は、具体的にその理由を数字的根拠と一緒にお話ししているので、図表までじっくりと読みこなしてください。

第 2 章

個人事業と会社組織はどっちがお得？

法人税と所得税の計算は、どちらが有利？

❶ 事業活動には多くの税金がかかる

　個人事業、会社にかかわりなく、起業すると「税金」から逃れることはできません。いいえ、サラリーマン時代も所得税や住民税を支払っていたのですが、給料から天引きされて終わりなので、あまり税金を意識しなくてもすんでいただけのことです。消費税が5%から8%に上がって、缶コーヒーや電車賃の値上がりに直面しても、税金を負担しているという意識はないのが現実でしょう。

　しかし、ひとたびビジネスを立ち上げてみると、申告したり納付したりしなければならない税金の種類の多さ（と金額）に驚かされてしまいます。事業で儲けたら当然としても、不動産などの資産を売ったり買ったりした場合やパソコンやエアコンを買ったり、契約書をつくったり領収書を発行したときも、税金を納めなければならないからです。

❷ 起業するときに知っておきたい税金の種類は5つ

　事業を行ううえで、起業家のみなさんがかかわりあうことになる税金は、大きく分けて次の5つです。

- ❶ 国に納める法人税や所得税
- ❷ 地方公共団体に納める住民税や事業税
- ❸ 売上にかかる消費税や地方消費税
- ❹ 資産にかかる固定資産税や自動車税
- ❺ 文書にかかる印紙税 ……etc.

このうち、個人事業と会社で扱いが大きく違いが出るのは、「❶ 国に納める法人税や所得税」と「❷ 地方公共団体に納める住民税や事業税」の2つです。個人で買おうと、会社で買おうと、同じ車を買ったら払う自動車税は一緒です。ところが、法人税や所得税、住民税、事業税は、計算方法も税率も違います。同じ飲食店を経営して、同じ売上、同じ儲けなのに、会社と個人で差があると知ったら、「税金は難しいからよくわからない」ではすまされません。これらの税金について詳しく知る前に、上記の税金は、どうやって国や市区町村に納めるのかを見ておきます。

❸ 税金には「申告納税方式」と 「賦課課税方式」がある

税金には大きく分けて、「申告納税方式」と「賦課課税方式」の2種類があります。

自分で税金をいくら払うのか期限までに計算し、自分で納付書を作成し、自分で金融機関の窓口に出向いて納めるのが、「申告納税方式」です。

一方、国や地方自治体などの課税庁が払うべき税額を計算し、みなさんの元へ納付書を送ってくるのが「賦課課税方式」です。みなさんは届いた納付書を持って、金融機関やコンビニの窓口で税金を支払います。固定資産税などのように、手続きをすれば通帳から自動的に引き落とされるので、いつ支払ったのかさえわからない税金もあります。

申告納税方式の場合には、自主的に税金の申告をしなければどこからも納付書は送られてくることはありません。うっかり期限がすぎたまま申告や納税をしないでいると、あとで加算税や延滞税などびっくりするような金額のペナルティの税金（附帯税）を取られる羽目になってしまいます。

法人税や所得税はもちろん、事業税や住民税など、所得に課税される税金のすべてが申告納税方式なので、起業したら税金の問題からは逃れることができないというわけです。

日本の税法は難しくて、一般の人にはわかりにくいかもしれません。税金と聞くだけでアタマが痛くなる人のために、まずは本当に基本的なことだけお話ししておきます。

● 知っておきたい主な税金の種類

税金の種類			会社にかかる税金	個人にかかる税金
国税	申告納税方式	法人税	○	
		所得税		○
		消費税	○	○
		印紙税	○	○
		登録免許税	○	○
地方税	申告納税方式	法人都道府県民税※	○	
		法人市町村民税※	○	
		法人事業税	○	
		事業所税	○	○
		地方消費税	○	○
	賦課課税方式	個人道府県民税		○
		個人市町村民税		○
		個人事業税		○
		固定資産税	○	○
		都市計画税	○	○
		償却資産税	○	○
		不動産取得税	○	○
		自動車税	○	○

※ 東京都については特例で、市町村民税にあたる特別区民税は、都民税とあわせて申告・納付します。

❹「法人税」と「所得税」は、同じ利益でも納税額が違ってくる

　会社の儲けに課税されるのが「法人税」、個人事業主の儲けに課税されるのが「所得税」です。

　たとえば法人税の税率は、所得が800万円以下の場合は15％（令和3年度現在・中小法人にかぎる）、800万円を超えると23.2％です。一方、所得税の税率は儲けた金額に応じて5％から45％までの7段階に分かれて

います。

　結果として、個人事業主と会社がまったく同じ事業活動を行い同じ額の利益をあげたとしても、最後に納める税金の額が違ってくるというわけです。

　さらに複雑なことに、個人事業の場合は稼ぎの種類ごとに税金の計算方法が違います。たとえば起業して稼ぐのは「事業所得」、アパート収入で稼ぐのは「不動産所得」、株で儲けるのは「譲渡所得」というわけです。そして、事業所得と不動産所得は儲けを合算して税の計算をするけど、株で稼いだ所得は別枠で計算してね、などと決まっています。

　所得を合算して税金の計算をすることを「総合課税」、1種類の所得ごとに計算することを「分離課税」といいます。もちろん、こんな専門用語を覚える必要はありません。ここで押さえておいてほしいのは、先に触れた**所得税の7段階の税率は、総合課税だけに適用される**ものだということです。**株で儲けた場合などのように分離課税に該当するときは、所得金額がいくらであっても、一律20%**などと決められています。

❺ 会社と個人事業では 決算書の作成方法が違う

　法人税と所得税で大きく違うのは、税率だけではありません。**税金の額は、「所得の金額 × 税率 ＝ 税額」で計算されます。**所得の金額とは、要するに「**いくら儲けたか**」ということです。所得の金額を計算する書類を「**決算書**」といいますが、個人事業と会社では、決算書の作成のしかたも違います。

　まず法人税では、会社はひとつの決算書しか作成しません。会社が行うすべてのお金の動きを集計し、1年間でいくら儲けたかをひとつの決算書にまとめます。

　一方、所得税は1年間の所得をその所得の種類ごとに集計し、それぞれに決算書を作成しなければなりません。事業所得の場合は、売上から経費をマイナスして所得を計算します。株の場合は、売ったときの値段から買ったときの値段を引いて所得を計算するというぐあいです。

　ですから、読者のみなさんが本業以外に親から相続したアパートがあるとか、節税用にワンルームマンションを買って家賃収入があるという場合

第1章　会社をつくるメリットとデメリット

第2章　個人事業と会社組織はどっちがお得？

　　　　事例に基づいて税金を計算してみよう

第3章　会社をつくる前に知っておくこととやっておくこと

第4章　世界一やさしい会社のつくり方

第5章

は、収入や経費を事業所得と不動産所得に分けて、それぞれ2種類の決算書を作成しなければならないのです。

㊠個人事業所得の種類がたくさんある理由

主な個人事業所得の種類としては、事業所得のほか、不動産所得、給与所得、配当所得、譲渡所得などがあります。

どうしてこんな複雑なことになっているかというと、会社が事業活動を行って利益を追求するためにつくられた団体なのに対して、個人は必ずしも事業活動の結果として生じたとはいえない所得もあるからです。

たとえば、個人がゴルフ会員権を売却した場合、売ったときの値段が買ったときより上がっていたら税金の申告が必要です。しかしゴルフ会員権の販売業者でないかぎり、これを事業とは呼びません。しかし会社の場合は、ゴルフ会員権を所有するのもビジネスを遂行するうえで必要な事業活動だったと考えるのです。

❻ どちらが有利かを判断する方法

法人税に地方税を加えた税率のことを「**実効税率**」といい、会社の規模や売上に応じて21%から35%程度です。みなさんがこれからつくる小さな会社の場合、約21%という人がほとんどでしょう。対して、個人事業の場合には、7段階の所得税率に一律10%の住民税を足せば納税額を算出する目安とすることができます（68頁参照）。個人事業と会社のどちらが税金が得かを判断するには、両者の税金を比較すれば簡単にわかります。

ここでは**個人事業で所得が330万円以上になったら、会社にしたほうが支払う税金が安くなる**ことだけ覚えておきましょう。

会社にするかどうかの判断基準 01		
● 個人事業の所得の合計が 330 万円以上ある（になる予定）	Yes	No

法人化チェックリスト 01		
● 税金のしくみは難しいが、なんとか理解したいと思う	Yes	No

02 会社と個人事業でこんなに違う税金の計算

「住民税」と「事業税」の計算は、どちらが有利？

❶ 賦課課税方式

　サラリーマンは自分で住民税を申告しなくても、勝手に「給料明細から天引き」されます。これは市区町村が住民税を計算して、「〇〇〇円を天引しなさい」という通知をみなさんの知らないところで会社宛に送っているからです。前節でお話ししたとおり、課税庁からの通知に基づいて納付する納税方法で「**賦課課税方式**」になります。

　勝手に天引きされているという点では、所得税も同じでは？　と思った人もいるかもしれませんね。

　給料から天引きされる所得税は、「申告所得税」に対して「源泉所得税」と呼ばれます。ただしサラリーマンは特別で、会社が国の代わりに所得税の計算をするしくみになっています。サラリーマンの場合、毎月、会社が源泉所得税を計算して、みなさんの代わりに申告して自主的に納めていることになるので、実は「申告納税方式」に該当します。

　申告納税方式は自分で申告するのが原則なので、年末調整が終わったあとでも、翌年の3月15日までに、住宅ローン控除や医療費控除の申告をすれば、税金の還付を受けることができます。

❷ 赤字でも納める住民税：均等割と所得割

　住民税には、儲けた金額に応じて課税される「所得割」と、所得の金額にかかわらず決まった額を払う「均等割」の2種類があります。

　地方自治体の主な役割は、住民サービスです。あなたの会社が赤字だろうと儲かっていようとゴミの量は同じだし、住民の数が多ければそれだけ道路を歩く回数も多くなるので補修費がかかったりするわけです。均等割とは、会社だろうと個人だろうと、その自治体に住んでいるかぎり最低限

これだけは支払ってくださいよという、いわばショバ代のようなものです。

　この均等割と所得割を合算して計算するやり方は、個人事業でも会社でも変わりはありません。**赤字だったら所得割の金額は0円になりますが、それでも均等割の税金は納めなければならない**のです。

会 「法人住民税の均等割」は最低でも7万円！

　法人住民税の均等割は自治体によっても多少違いますが、「**標準税率**」が資本金等の額と期末の従業者数によって、下表のように決まっています。

● 会社の場合の均等割額

● 東京都23区（標準税率）の場合

資本金等の額	従業者数	均等割額
1,000万円超〜1億円以下	50人超	20万円
	50人以下	18万円
1,000万円以下	50人超	14万円
	50人以下	7万円

赤字でも発生

● 神奈川県（標準税率）の場合

資本金等の額	均等割額
1,000万円超〜1億円以下	5万円
1,000万円以下	2万円

● 横浜市（標準税率）の場合

資本金等の額	従業者数	均等割額
1,000万円超〜1億円以下	50人超	15万円※
	50人以下	13万円
1,000万円以下	50人超	12万円
	50人以下	5万円

資本金1,000万円の場合
2万円 ＋ 5万円 ＝ **7万円** の住民税の均等割額が発生する！

※ 横浜みどり税は考慮していません。

36

たとえば資本金が1,000万円以下で、期末従業者の数が50人以下の場合には、道府県民税が2万円、市町村民税が5万円となります。ですから、**会社はたとえ赤字でも、年間に最低7万円の法人住民税の均等割を支払わなければならない**ことになります。

個 個人住民税の均等割は5,000円

個人住民税の均等割の標準税率は、道府県民税で1,500円、市町村民税で3,500円ですから、合計でも5,000円です。

● 個人の場合の均等割額（標準税率）例

	均等割額
埼玉県	1,500円
さいたま市	3,500円

個人の場合
住民税の均等割額は、1,500円
＋3,500円 ＝ 5,000円

個 「個人事業税」は一部の業種にしか かからない

法人事業税は、すべての収益事業に対して課税されるのが原則です。しかし、**個人事業税は、物品販売業・飲食店業・コンサルタント業・美容業など、法律に限定列挙された業種（次頁参照）にしかかかりません。**

たとえば作家など、地方税法に載っていない種類の事業を行っている人には事業税はかからないのです。**法人化してしまうとせっかくの税金メリットがなくなってしまうので、ここは要チェック**です。

個 所得が290万円以下の場合には 「事業税」がかからない

個人事業だけのメリットはほかにもあります。会社は「所得」に税金を掛けて事業税を計算しますが、個人事業主は所得からさらに一律290万円

をマイナスした金額に税率を掛けます。この**290万円を「事業主控除」**といい、結果的に所得が290万円以下の場合は事業税がかからないことになります。こういった特別な控除は、法人事業税には存在しません。言い換えるなら、**所得が290万円以下の場合には、まだまだ法人化を考えるのは早い！**　といえます。

● 個人事業税が課税される業種

第1種事業とは	物品販売業、物品貸付業、不動産貸付業、製造業、運送業、運送取扱業、駐車場業、請負業、料理店業、飲食店業、倉庫業、旅館業、演劇興行業、不動産売買業、広告業　など
第2種事業とは	畜産業、水産業　など
第3種事業とは	医業、歯科医業、薬剤師業、獣医業、弁護士業、司法書士業、行政書士業、税理士業、社会保険労務士業、コンサルタント業、設計監督者業、デザイン業、理容業、美容業、クリーニング業、歯科技工士業　など

💡 POINT

- 所得が290万円以下の場合には、会社より個人のほうが税金が安くなる。
- また会社にすると、最低でも7万円の住民税（均等割税）を支払わなければならない。

会社にするかどうかの判断基準 02

● 利益が290万円を超えているか（超える予定）	**Yes　No**

法人化チェックリスト 02

● 法人住民税の均等割の7万円は、事業を大きくするうえで必要経費としてしかたがないと思う	**Yes　No**

03 会社と個人事業でこんなに違う税金の計算

気になる「交際費」は、
どちらが有利？

❗ 「交際費」と「広告宣伝費」の違い？

　商談をまとめたり、よりよい取引条件を引き出すために、個人事業主や会社の役員が取引先をゴルフに接待したり、食事をおごったりすることは、商慣行上欠くことができないものです。

　その場合、会社と個人事業で、どのような違いがあるのか考えてみましょう。

　「交際費」は、法人税法で「**得意先・仕入先そのほか事業に関連のある者に対する接待・供応・慰安・贈答これらに類する行為のために支出する費用**」と定義されています。

　たとえば、交際費と似た科目に「**広告宣伝費**」があります。

　カレンダーや手帳などをプレゼントしたり、ビール工場などで工場見学者に自社のビールを試飲・試食してもらったりしても交際費にはなりません。法律で、「**不特定多数の者に対して、広告宣伝効果を意図して支出されるもの**」は、交際費ではなく広告宣伝費だと決められているからです。

　どうしてわざわざこのようなルールが決まっているのかというと、交際費はほかの科目と違って、税金の計算をするときに支払った全額を経費としては認めないというルールがあるからです。

　税務署から見たら、接待や飲食には会社の役員の個人的な趣味が含まれていたり、「税金を払うぐらいなら、飲んじまえ」とばかりに、接待という名目で毎晩飲み歩かれたりしたら、そんなものを経費として全額認めるわけにはいかないというわけです。

会 損金算入できる限度額がある

　そこで資本金1億円以上の大企業は、交際費をいくら使っても、その全

額が税金の対象になっていました。「いました」と過去形で書いたのは、平成26年度からは資本金に関係なく、会社が使った飲食費のうち50％までが経費として認められるようになったからです。

　読者のみなさんがつくるような中小企業（期末の資本金が1億円以下の法人。ただし、資本金5億円以上の法人の子会社などは除く）**は、大手さんから仕事をもらう弱い立場であることを考慮して、使った交際費の800万円までがもともと経費として認められています。結果として中小企業は、「飲食費のうち50％非課税」と、どちらか有利なほうを選択していいよということになっている**のです。

🈳 交際費に近い科目、「会議費」を使いこなす

　交際費とよく似た科目のひとつに「**会議費**」があります。交際費と違って、会議費は支払った全額が無条件に必要経費になります。つまり同じように飲食をした場合でも、交際費なのか会議費なのかで、結果的に支払う税金の額が違ってくるということです。

　会議費とは、「**会議に際して、社内または通常会議を行う場所において、通常供与される昼食の程度を超えない飲食物などの接待に要する費用**」と定義されています。

　つまり「常識的な範囲内」であれば、会議にともなって支出した飲食費は全額経費にすることができます。しかし、現場では会議なのか接待なのかどっちかわからないということがたくさんあります。そこで、会議費と交際費を分けるために、5,000円という金額基準が設けられています。「**飲食などのために要する費用のうち、その金額を参加者の数で割って計算した金額が5,000円以下である費用**」は、交際費としてカウントしなくていいので会議費ということになります。これには条件があって、参加者の名前などを記載した書類を保存しておかなければなりません。

　本来、会議の実体がなければ会議費にはなりませんが、この金額基準では、飲食の目的が会議かどうかは重要ではありません。レシートの裏にでも上記の内容をきちんと記録しておけば、交際費課税されなくてすむわけですから、会社をつくった際には面倒くさがらずに、ぜひ実行しましょう。

個「交際費」は経費として認められない

　一方、個人事業では、交際費は原則として経費として認められません。例外として、「**取引の記録などに基づいて、業務の遂行上、直接必要であったことが明らかにされる部分の金額について、必要経費に算入することができる**」と、法律に難しく書いてあります。この部分は接待費についても同様です。

　交際費のなかでも、特に接待とは「客をもてなす」ことであり、一般的には食事をふるまうことを指しています。来客に食事をふるまうということは一般家庭でも普通に行われていることであり、特に接待の相手が学生時代の友人だったりすると、これは事業上の接待なのか友人としての付きあいなのかを線引きすることはとても難しい問題だからです。

個「業務の遂行上、直接必要なお金」の意味は？

　もう一度、交際費の規定を見てください。

　「業務の遂行上、直接必要であったことが明らかにされる部分の金額」。とても曖昧な表現ですね。個人事業主としてのあなたは、夜中でも日曜でも少しでも稼ぐために24時間いつだって働かなければなりません。それが、働いた分だけ給料がもらえるサラリーマンとの違いです。しかし一方で、平日の昼間、友人と映画を観たりショッピングを楽しんだりすることができるのも、独立開業したからこその特権です。

　つまり個人事業主は、事業者としての部分とプライベートの部分を分けることはほとんど不可能なのです。

　仕事をしていても、おなかがすけば個人事業主は仕事の合間をぬって食事をすることができます。税務署からしてみれば、「接待とかいっているけど、普通に友人と夕飯を食べただけでしょ」という解釈が成り立つわけです。もちろん、「夕飯をごちそうしたことで、取引が成立した」ことを証明できれば、支払った交際費の全額を経費にすることもできます。

個「交際費」の3割程度は否認される

　しかし税務の現場では、税務調査官に対して「業務の遂行上、直接必要

であった」かどうかを証明するのはかなり困難です。税務調査では、交際費の2〜4割程度を否認されるケースが非常に多いのが実情です。

　調査で否認されると、加算税や延滞税など余計な税金を支払うことになります。そのために、**最初に確定申告するときから、3割程度を「家事関連費」として自己否認しておくというテクニックがお勧め**です。

　ちなみに、どの程度までの交際費が否認されるのかという目安は業種によって異なります。美容院など、一般消費者を相手に商売をしている場合、交際費はなかなか認められません。保険代理店など、交際費が直接収入に結びつくような業種の場合でも個人差はありますが、最低でも1割から2割は否認される可能性が高いでしょう。

　税の世界は常識がものをいう世界です。「常識的に見て」その支出が、売上に貢献しているかどうかが経費にできるか否かの分かれ目です。

会 「交際費」が否認されることはありません

　一方、会社の場合は、税務調査の結果、完全に社長の個人的な支出であったと判明したようなケースを除けば、交際費が否認されることはほとんどありません。理由は簡単で、会社の行う経済行為は売上をあげるための営業活動だからです。特に、読者のみなさんがこれからつくる小さな会社だと、法人税の経費には制限があるとはいっても、上限は800万円です。スタート直後から800万円の交際費が使える余裕のある人はめったにいるものではありません。会社なら、使った交際費の全額を経費にできるというわけです。

● 交際費の周辺科目

福利厚生費	従業員の慰安目的の運動会、旅行など、一定の基準にしたがって支給される弔慰金、創立記念日などに社内で一律に供与される飲食費
広告宣伝費	カレンダー、手帳など広告宣伝のための支出、一般消費者に交付される金品、見本品費や試用品費、モニターやアンケートの謝礼
会議費	会議に関連して支出する茶菓、弁当などの費用
寄付金	事業に関連のない者に対する贈与
売上割戻し	売上に比例するなど、一定の基準で支出する費用

● 交際費の損金算入のしくみ（会社の場合）

● 飲食費の額が年1,600万円を超える場合

800万円 **1,600万円**

損金算入額	飲食費の50%	飲食費の50%	飲食費以外
❶ 飲食費の50%	損金算入	損金不算入	
❷ 800万円	損金算入	損金不算入	

❶か❷を選択 ➡ ❶のほうが得

● 飲食費の額が年1,600万円以下の場合

損金算入額	飲食費の50%	飲食費の50%	飲食費以外
❶ 飲食費の50%	損金算入	損金不算入	
❷ 800万円	損金算入	損金不算入	

❶か❷を選択 ➡ ❷のほうが得

● 交際費に該当しない場合

❶ 1人10,000円以下の飲食費
❷ 役員、従業員、その親族以外に対する接待
❸ 下記を記載した書類を保存しておくこと
　　・飲食の年月日・参加者の氏名および会社との関係
　　・参加人数　　・金額　　・飲食店の名称および所在地

これらに該当する場合は、交際費に該当しない！

💡 POINT

● 営業活動のために必要な年間の交際費の金額が、800万円まで経費に認められるので、会社のほうがメリットが大きい。

会社にするかどうかの判断基準 03

● 年間の交際費の額が800万円以下である（以下になりそうだ）　　**Yes　No**

法人化チェックリスト 03

● 飲食の相手方の氏名をいちいち書くのも、節税だと思えば苦にならない　　**Yes　No**

生命保険料を支払ったら、どちらが有利？

⚠ 事業をはじめれば負債を背負うこともある

　個人事業であろうと会社であろうと、ビジネスを大きくするためには、まとまった額の資金が必要です。そのために、サラリーマン時代には考えられない金額の融資を銀行から受けることもあるでしょう。これらの「負債」は、もしあなたに万が一のことがあれば、残された家族や従業員の大きな負担となることは間違いありません。そのため、**最低でもこれらの負債をまかなえるだけの生命保険に加入しておくことが、リスク管理の観点から必要**です。しかし、事業上の負債となると数千万円単位になることも珍しくなく、その保険料の負担はばかになりません。

個「生命保険料」は所得から控除できる

　個人事業では、事業主が支払った生命保険料を必要経費に算入することはできません。その代わり、税金の計算をするときに、最大12万円の金額を所得からマイナスすることができます。これを「**生命保険料控除**」といいます。

　生命保険料控除とは、生命保険金や個人年金などの受取人が本人か親族の場合にかぎり、一般の生命保険料として年間4万円、介護医療保険として年間4万円、個人年金保険料として年間4万円の合計12万円（平成23年以前の契約分は10万円）を、所得からマイナスして税金を安くできる制度のことです。

会「生命保険料」は必要経費になる

　会社を受取人にして、経営者などの役員を被保険者とする生命保険に加

入すれば、たとえば保険料の半額を必要経費に算入できます。

　本来、生命保険とは、被保険者に万が一のことがあったときの保障のために加入するものですが、実際は保険会社がさまざまな節税のための商品を用意しています。節税タイプの保険でよくあるのは、保険料の半額を必要経費に算入して節税対策をしておいてから、数年後に解約して、支払った保険料の8割程度を解約返戻金として戻すというものです。

　これらの生命保険に加入するときは、税務上の取り扱いを保険会社によく相談することが大切です。節税商品が開発されると、税務署がこれを通達で否認する、すると通達に縛られない商品を保険会社が開発するといったいたちごっこのような状況が常にあるからです。

　たとえば、「長期平準定期保険」や「逓増定期保険」は掛け捨て保険なので、以前は全額を経費に算入できたのですが、保険期間の前半で解約した場合に戻ってくる解約返戻金の金額があまりに多すぎるとして、一部を資産計上しなければならないといった通達改正が行われています。

会「死亡保険金」や「解約返戻金」は収入

　ところで、支払った保険料を費用に計上した場合、数年後に戻ってきた解約返戻金や死亡保険金は会社の収入になります。当然ながら、その収入に対する法人税は支払わなければなりません。保険料を支払った年に費用処理し、返戻金を受け取った年に税金を払うので、これは一種の**課税の繰り延べ**といえます。

　死亡保険金が支払われるということは、経営者に万が一のことがあった場合でしょう。受け取った保険金は、そのまま死亡退職金として遺族に支払うのが一般的です（83頁参照）。その場合は、保険金という収入と退職金という費用がプラスマイナスゼロとなるので、会社は法人税を支払う必要がなくなります。

● 役員に退職金を支払った場合

保険金収入	＋1億円
役員退職支払	−1億円
差引利益	**0円**

結果として、受け取った保険金に税金はかからない

● 主な生命保険の種類と会計処理

種　類	特　徴	会計処理
終身保険	一生涯の死亡保障があり、貯蓄性がある	資産計上の必要あり
定期付終身保険	終身保険に掛け捨て保険が上乗せされた保険。一般的に、途中で保険料が値上がりする	終身部分は、資産計上定期部分は、費用計上
変額終身保険	一生涯の死亡保障があり、貯蓄性はなし。解約返戻金が、状況に応じて変動する投資型の保険	終身部分は、資産計上定期部分は、費用計上
定期保険	保険期間に定めがあり、かつ満期時の返戻金はなし	費用計上
逓減定期保険	保険期間に定めがあり、かつ満期時の返戻金はなし。毎年の死亡保険金額が少しずつ減っていくので、保険料が割安	保険料前払い部分につき資産計上残りは費用計上
逓増定期保険	保険期間に定めがあり、かつ満期時の返戻金はなし。毎年の死亡保険金額が、少しずつ増加していく。解約すると、解約返戻金が戻ってくるので、会社経営者向き	保険料前払い部分につき資産計上残りは費用計上
長期平準定期保険	定期保険のうち、保険期間が極めて長期にわたるもの。会社が、役員・使用人を被保険者とし、死亡保険金の受け取りを会社としたもの	保険料前払い部分につき資産計上残りは費用計上
養老保険	死亡保障額と満期受取金額が同額の保険。死亡保障と貯蓄の両方を兼ね備えているが、保険料は割高になる	資産計上
医療保険	病気やけがで入院したときに、入院給付金や手術給付金を受け取ることができる保険	費用計上
がん保険	がんと診断された場合に給付される診断一時金、がんによる入院給付金、手術給付金などを受け取ることができる保険	保険料前払い部分につき資産計上

会「役員の退職金」は生命保険を利用できる

　役員を生命保険に加入させる目的は、死亡に備えるためだけとはかぎりません。退職金の原資として利用することもできます。たとえば、役員が引退を予定している年にあわせて満期が訪れるように保険の設定をしておけば、万が一の場合は保険金が下りるし、退職時には退職金として払えるので、銀行の定期預金より使い勝手がいいのです。

　❶解約返戻金がもらえるタイプの掛け捨て保険に加入して、❷毎年の保険料は会社の必要経費として節税しつつ、❸経営者自ら引退を考える年にあわせて、解約返戻金の金額が最大限になるよう保険の設計をするといったことも、会社ならではのウルトラCです。

● 満期保険金と解約返戻金

	満期返戻金	解約返戻金
保険の種類	養老保険 学資保険など	終身保険 逓増定期保険 長期平準定期保険など
受取時期	満期時	解約時
受取金額	契約時に決める	解約時の経過年数によって変わる

💡 POINT

● 本来は個人で加入すべき生命保険を利用して節税を図るなら、間違いなく会社にしたほうがメリットが大きい。

会社にするかどうかの判断基準 04

● 年間の一般および医療介護保障の生命保険料（除く年金保険）の額が 16 万円を超えている　　**Yes　No**

法人化チェックリスト 04

● 多額の生命保険に加入することに抵抗はない　　**Yes　No**

05 会社と個人事業でこんなに違う税金の計算

資産を購入したら、どちらが有利？

⚠️「減価償却資産」とは？

　10万円以上のパソコンや車など高価なものを購入した場合、その年に1度に経費として処理することができません。10万円以上のパソコンや車などは、時が経過すると、少しずつ価値が減少していくものですが、使えなくなるまでの何年間かは、売上に貢献することを期待して購入するものだからです。そこでいったん「資産」として計上し、使っている間の数年間、少しずつ費用に計上していきます。

　これらの資産は「**減価償却資産**」といい、このように**少しずつ費用に計上する方法を「減価償却」**といいます。

　金額がかさむという点では、土地や美術品も同じです。しかし土地などは、時の経過にともなって価値が減少しないので、売却するまでは費用に計上できません。

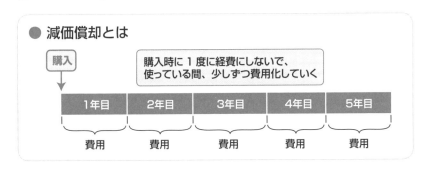

● 減価償却とは

購入 → 購入時に1度に経費にしないで、使っている間、少しずつ費用化していく

1年目	2年目	3年目	4年目	5年目
費用	費用	費用	費用	費用

会 個「耐用年数」は変わらない

　ではこれらの資産は、何年で費用に計上すべきなのでしょうか。本来なら、同じ車でも、会社によって使用期間はまちまちなはずです。ある会社

は3年でつぶしてしまうかもしれませんし、別の会社では10年は乗るかもしれません。

　しかし税務署としては、会社の個別事情を、いちいち考慮することはできません。もし会社の自由にしてしまったら、誰だって、できるだけ早い期間に費用計上したくなるのが人情というものです。そこで税務署は、誰が計算しても同じ結果になるように、資産の種類に応じて、何年で「減価償却」すべきかを定めています。これを「**耐用年数**」といいます。

　たとえば、乗用車の耐用年数は6年です。個人事業でも会社でも耐用年数は同じなので、個人事業主と会社で計上できる金額に差が出るということはありません。

会「減価償却」し損ねても大丈夫

　個人事業と会社の違いは、次のようなときにも生まれます。

　会社だと、うっかり償却費の計算を間違えて少なく計算したり、あえてその年の耐用年数分を使わずに、会社独自の基準に基づいて償却費を本来より少なく計上しても問題ありません。翌年以降、不足した償却費を経費として計上することができるしくみになっているからです。

　しかし個人事業は、そうはいきません。ある年に計上し忘れた償却費は、それ以後の年には費用として計上することができません（更正の請求は可能）。

　定率法を採用していて、2年目で減価償却を忘れた場合、会社と個人事業でどんな違いが出るのか、具体的に計算してみましょう。

　たとえば120万円の乗用車を購入した場合、耐用年数は6年です。

　会社の場合は、2年目の償却費を0円にしても大丈夫です。2年目の期首簿価（その期のはじめの帳簿に載っている金額）がそのまま3年目の期首簿価にスライドして、2年目に償却するはずだった約29万円を3年目の減価償却費として計上できます。この車の償却が終わるのは1年延びて、費用化に時間がかかってしまいますが、最終的には1円を残して、全額を経費にできます。

個「減価償却」し損ねたらアウト

　では、個人事業の場合はどうでしょうか。2年目で減価償却しなかった

約29万円は、その年に償却すべきものなので、会社のように、翌期に持ち越すことができません。3年目の期首簿価はその分減少するので、当然3年目の償却費も少なくなります。更正の請求という面倒な手続きをしないと、2年目の減価償却費を取り戻すことはできないのです。

個 3割程度は否認される

個人が所有している乗用車を、税務署が100%必要経費として認めることはまずあり得ません。プライベートでまったく使用していないことを証明できないかぎり、たとえば、減価償却費の3割程度はプライベートで使っているとみなされて否認されます。つまり、「**7割は経費扱いにしてもいいけど、個人として使う分は経費にしちゃダメ**」ということです。当然、車検や自動車保険、自動車税、駐車場など、車にまつわるものすべての費用が7割しか認められません。

業種や実態に応じて否認される割合は変わってきます。業種によっては、1割程度しか認められないこともあります。理由は、事業者としての個人とプライベートライフを送るあなたを区別することが困難だからです。

一方で、**会社は、たとえ月に数回しか乗らないような場合でも、会社が所有する乗用車の減価償却費や維持費は全額会社の経費にできます。**会社の車の減価償却費は、会社の経費だからです。とはいえ、実は社長の家族が私的に使っている車を経費にしていたという場合は、税務調査で役員賞与として否認されるのでご注意を。

💡 **POINT**

- 乗用車を少しでも事業用に使っている場合は、絶対会社のほうが税金が安くなる。

会社にするかどうかの判断基準 05		
● 乗用車を事業用に使っている（使う予定がある）	Yes	No

法人化チェックリスト 05		
● 仕事のときは電車で移動するよりも車で移動するほうが多い	Yes	No

06 会社と個人事業でこんなに違う税金の計算

赤字になってしまったら、どちらが有利?

会 個 「確定申告」をするのはどちらも同じ

　会社だろうと個人事業だろうと、毎年、収入や経費を集計し、結果いくら儲かったかを「決算書」にまとめ、「申告書」をつくって税金の計算をして、税務署に申告しなければなりません。これが「確定申告」です。

　確定申告の方法には、「白色申告」と「青色申告」の2種類があります。どちらの方式を選択するかは、納税者であるあなたが自由に決められます。

❶ 「白色申告」とは?

　白色申告は、以前は文字どおり申告書の用紙が白かったために、その呼び名がつけられました。今は電子申告の時代なので、青色申告と白色申告で実際に申告書の色が違うということはありません。

　青色申告を選ばなければ、自動的に白色申告ということになります。以前は白色申告者には、帳簿の記帳義務が免除されるというメリットがありましたが、平成26年からすべての白色申告者に記帳が義務づけられています。

❷ 「青色申告」とは?

　青色申告も、以前は文字どおり申告書の用紙が青かったため、その呼び名がつけられました。青色申告には税金面でさまざまな特典が与えられています。**白色申告の唯一のメリットといえる記帳義務の免除がなくなった以上、青色申告を選ばない理由がありません。**

　青色申告の最大のメリットである55万円控除(電子申告または電子帳簿保存している場合は65万円)をとるためには、複式簿記の方法で帳簿

をつけなければなりません。そこで日々の取引を会計ソフトなどに入力し、帳簿や決算書を作成します。帳簿の根拠である領収証なども7年間保存しなければなりません。これは個人事業主にとってはかなりの負担です。会社の場合は、もともと記帳義務があるので青色申告が普通です。

青色申告を選択するためには、事前に、税務署に「青色申告承認申請書」を提出します。提出期限は、会社の場合は適用を受けようとする事業年度がはじまる日の前日まで、個人事業主の場合にはその年の3月15日までです。提出期限を1日でも遅れると、認められないので注意してください。

ただし、**新しく会社を設立した場合は設立の日から3カ月以内、個人事業主は業務を開始した日から2カ月以内に提出すれば大丈夫**です。

会 個 「青色申告」の特典はこんなにある

青色申告の特典はたくさんありますが、主なものは次の3つです。

❶ 欠損金の繰越控除	ある年に赤字が出た場合、その赤字を翌年以降、個人の場合は3年間、会社の場合は10年間、黒字と相殺して税金を計算することができる
❷ 欠損金の繰り戻し還付	ある年に赤字が出ても、前の年が黒字だった場合には、前年の税金から赤字分の還付を受けることができる
❸ 特別償却や法人税（所得税）の特別控除	30万円未満の減価償却資産を、一括で必要経費に算入できるなど

個 特有の特典もある

ほかにも、個人事業に特有の特典もあります。

❶ 青色申告特別控除	複式簿記の原則にしたがって記帳をした場合、55万円を所得の金額から差し引くことができる（ただし、簡易簿記の場合は10万円）
❷ 青色事業専従者給与	事業主と生計を同じくする家族従業員に対して、一般の従業員と同じように給料を支払い、必要経費とすることができる（白色申告の場合は最高で86万円まで）

会社であれば、白色でも青色でも、家族に給料を支払うことに、何の制限もありません。ここは、73頁で詳しくお話しします。

会 10年間赤字を繰り越せる

　青色申告の特典のうち、「**❶欠損金の繰越控除**」ができる期間が個人事業では3年間ですが、皆さんの作る小さな会社では3倍超の10年間です。

　起業すると、業績のよい年も悪い年もあるのがあたりまえです。しかし、個人事業では3年間で赤字を切り捨てなければなりません。また、個人の場合は繰り越せる赤字が事業所得や不動産所得などにかぎられています。たとえば株式投資で大きく損をした場合や、所有している不動産を売却して損が出たとしても、会社と違って簡単にはその損失を税金で取り戻すことはできません。

● 欠損金の繰越控除のしくみ

	今年	×2年	×3年
事業の儲け	△100万円	40万円	70万円
課税される金額	0円	0円	10万円
赤字の繰越金	100万円	60万円	0円

【繰り越せる期間】
個人は3年
会社は10年

💡 POINT

● 年度によって業績に変動の大きい業種や、株式投資・不動産投資などで損失が出る場合には、赤字を繰り越す期間の長い会社のほうが有利といえる。

会社にするかどうかの判断基準 06

● 年度によって業績に変動の大きい事業を行っている（行う予定である）　　　　　　　　　　Yes　No

法人化チェックリスト 06

● 帳簿をつけるのは大変だが、事業を行ううえで必要不可欠なことだと思う　　　　　　　　Yes　No

株式やFXを売買したら、どちらが有利？

個 株式やFXの売買による所得は「分離課税」

個人が株式やFXを売買したときの所得は、事業所得や給与所得とは別枠で税金の計算をします。事業所得の場合は儲けた金額に応じて税率が高くなりますが、**株で儲かった場合は一律15%※の税率で所得税がかかります。また、住民税も同じようにほかの所得と区別して、一律5%の住民税がかかります。**このように、ある種類の所得だけを切り分けて、単独で税金の計算をすることを「**分離課税**」といいます。

※ 復興特別所得税は考慮していない

個 事業・不動産所得は「総合課税」

美容院やコンサルタントなどの事業を行って稼いだ所得や、サラリーマンの給料、アパートからの家賃収入などは、それぞれ別々に、いくら儲かったかを計算します。しかし税金の計算をするときは、全部の儲けを合計して「総所得金額」を計算し、税率を掛けて税金を計算します。この計算方法を「分離課税」に対して、「**総合課税**」といいます。

総合課税の場合は、所得金額が大きくなると税率も5%から45%まで高くなります。このように、所得金額が高くなると税率が上がることを「**累進課税**」といいます。

もし総合課税の所得が330万円以上の人が、未上場の株式を売却した場合を考えてみましょう。株式の売却に対する税金は、分離課税で一律15%なので、総合課税より安い税金ですみます（累進課税については、68頁で詳しくお話しするので、ここでは**総合課税の所得金額が330万円以上なら、分離課税のほうが税金が安い**ということだけ覚えてください）。

会社の場合、個人のように株式売買にかかる税率を事業所得と分けて計

算する制度はないので、個人だけに与えられた優遇制度ということです。

ⓘ 株式売買の儲けが出たら有利

　会社の場合には、法人税と地方税をあわせた、いわゆる実効税率はおおむね21％から35％程度なので、株式などの売買で利益が出た場合には、個人事業のほうがずいぶん有利な計算になっています。

　そのうえ、個人が上場株式などを証券会社などの特定口座に預けて、源泉徴収「あり」を選択した場合、証券会社が源泉所得税の徴収を行ってくれるので、確定申告をする手間もかかりません。

会 株式売買の損失が出たら有利

　上記のように株式の売買で儲けた場合は、個人事業のほうが有利になります。逆に年間を通して損失が出てしまったら、まったく反対の結果となります。なぜなら、個人は１年を通じて「株式などにかかる譲渡所得などの金額の計算上生じた損失の金額がある場合には、その損失の金額は生じなかったものとみなされる」からです。

　つまり、個人の場合、株式を売って発生した損失は、ほかの給与所得や事業所得の利益と相殺できないばかりか、その損失を翌年に繰り越すこともできません。ただし上場株式の譲渡損にかぎり、３年間の繰り越しが認められていますが、いずれにしてもほかの所得（配当所得は除く）との通算はできません。

　会社の場合には、投資であろうと事業活動で儲けた利益であろうと、すべての損益を合算して、決算で最終的な所得を計算するので、株式売買で損失が出た場合でも、税金分だけは損失を取り戻すことができます。

会社にするかどうかの判断基準 07		
● 信用取引や短期で株式の売買を行っている（行うつもり）	Yes	No

法人化チェックリスト 07		
● 資金に余裕がある場合には、利息がほとんどつかない定期預金よりも、株式投資で積極的に運用すべきだと思う	Yes	No

不動産を売買したら、どちらが有利？

会 「帳簿価額」と「売却額」との差額で計算する

　個人と違って会社は、持っている資産の金額が帳簿に記載されています。建物や車など減価償却する資産を売った場合、帳簿には減価償却したあとの金額が記載されているので、帳簿に記載されている金額と売却額を比較して、儲かったのか損が出たのかを計算します。

　土地のように減価償却しない資産の場合は、買ったときの金額が帳簿に記載されているのが通常です。そこで単純に、購入した金額と売却額との差が利益または損失ということになります。儲かったときも損をしたときも、その差額を「売却益」または「売却損」として会社の決算書に計上し、本業の儲けとプラスマイナスして税金の計算を行うのは、株の売買と同じです。

　本業で儲かっていても、資産を売って売却損が出れば、その分だけ会社の利益は少なくなります。反対に多額の売却益が出た場合は、本業で損をしていれば相殺されるので、節税になります。もちろん個人事業のように、所得の種類によって税率が変わるということはありません。

個 「売却損益」は「譲渡所得」になる

　個人の場合は、資産の種類によって税金の計算方法や税率が違うので、少し整理して考えていきましょう。

　まずは、自動車やパソコンなどの「事業用資産」を売却したと考えてください。事業用の資産を売るなんてめったにあることではありません。ですから、**事業用の資産の売却損益は「事業所得」ではなく「譲渡所得」**として扱われます。

たとえば、自動車のディーラーが車を売ったら事業所得、Webデザイナーが車を売却したら譲渡所得になるのです。Webデザイナーが車を売って儲けた所得は、本業の事業所得とは別に計算しなければなりません。税金の計算は本当にややこしいですね。

個 譲渡所得には50万円の「特別控除」

車などの資産を売って儲けた所得を譲渡所得として計算するのは面倒ですが、次のようなメリットもあります。

資産の売却益が出たら、自動的に50万円を儲けからマイナスできるのです。土地・建物以外の資産を売った場合の譲渡所得は、事業所得などの所得と合算して、税金を計算する総合課税が適用されます。もしあなたが**その資産を5年以上持っていたら、50万円をマイナスしたあと、さらに2分の1にしてほかの所得と合算します。**

たとえば200万円で買ったオールドカーが、プレミアがついて400万円で売れたとします。譲渡所得として計算した場合には、「売却価額400万円 − 取得価額200万円 − 特別控除額50万円 = 150万円」をほかの所得と合算すればよいだけです。もし5年以上所有していた場合は、150万円のさらに半分、75万円だけが課税対象になります。このオールドカーの税金計算をするときは、全部の所得を合算して総所得金額を計算する「総合課税」（54頁参照）を使います。逆に100万円の損が出たら、この100万円は事業所得と損益通算できるというわけです。

個 土地建物などは「分離課税」

「土地・建物などを売却」した場合は、そうはいきません。株と同じように「分離課税」が適用されます。土地・建物の売却損益は事業所得などほかの所得と合算しないで、一定の税率を掛けて計算します。

「土地建物など」とは、土地、借地権、建物とその附属設備、構築物です。

売却した土地・建物などを5年を超えて持っていたら、所得税の税率は15％、住民税は5％なので、会社よりも税金は安くすみます。しかし5年以下しか所有していなかった場合は、30％の所得税と9％の地方税が課税されるので、個人事業だと税金が一気に跳ね上がります。

会 投資目的の不動産売買は有利

　法人税と地方税をあわせた、いわゆる会社の「実効税率」はおおむね21％から34％程度です（69頁参照）。

　個人だと、5年を超えて持っていた不動産の売却益は所得税と住民税をあわせて20％ですみます。長期に持っている不動産を売って儲かったら、ダンゼン個人事業のほうが有利です。

　一方、5年以内の短期間しか所有していなかった不動産を売った場合は、個人だと所得税と地方税をあわせた税率は39％です。中小企業の実効税率は、低いほうの21％程度が圧倒的に多いので、個人より会社のほうが有利ということになります。

　投資目的で不動産の売買を行う場合には、短期で売買を繰り返すでしょうから、会社のほうがお勧めですね。

個 不動産の売却損は損益通算できない

　不動産の価値が右肩上がりで上がっていく時代は終わりました。損失を覚悟で不動産を売ることもあるでしょう。しかし、「株の売買」と同じように、「土地・建物などの譲渡損失は、その損失の金額は生じなかったもの」とみなされてしまいます。

　つまり**土地・建物を売って損が出たら、ほかの不動産の売却益としか「損益通算」できない**のです。不動産の売却損は金額も大きいので、事業所得や給与所得など「ほかの所得」と通算できないのは痛いところです。しかも株と違って1年に何回も売買するものではないので、ほかの不動産と損益通算できるといっても、現実的には厳しい話です。**ただし自宅を売却したときは特別に損益通算できる**ので、税理士に相談しましょう。

会社にするかどうかの判断基準 08		
● 事業用の不動産を所有している（購入する予定がある）	**Yes**	**No**
法人化チェックリスト 08		
● 投資の手段として、金融商品だけでなく、不動産も視野に入れて考えるべきだと思う	**Yes**	**No**

09 会社と個人事業でこんなに違う税金の計算

自宅を事務所にするなら、どちらが有利？

個 自宅が事務所なら必要経費に

最近では小さく起業する人が増えています。パソコン1つで起業できる時代です。店舗や事務所を新しく借りないで、自宅を事務所として使う人も多いでしょう。

個人事業主は、自宅兼事務所（店舗）の家賃や管理費、水道光熱費などを、事業用部分と家事使用部分とに面積などで按分して、事業用部分を経費にすることができます。

また自宅兼事務所（店舗）を個人で所有している人は、建物の減価償却費や固定資産税、修繕費、不動産を購入するために借りた借金の利息なども、事業割合に応じて経費にすることができます。

個 家族への支払いは経費にならない

注意しなければならないのは、事業主と生計を一にしている配偶者や両親など、家族が不動産を持っている場合です。「**生計を一にする**」とは、文字どおり家計が一緒の家族のことをいいます。

同一生計の家族に支払う地代や家賃は、経費にできないというのが原則です。税金の世界には「**世帯単位課税**」という考え方があって、**税務署へあらかじめ届け出た家族への給料（＝専従者給与）以外、家族への支払いを経費として認めていない**のです。家族間でやり取りされるお金は、税務署は生活費やお小遣いの支払いとみなすからです。

ただし両親と離れて暮らしていたり、住所は同じでも二世帯住宅などで台所や玄関が別になっていて、家計が別だとみなされる場合は、家族に対する家賃などの支払いを経費にすることができます。

それでも妻と夫は、たとえ共働きでおサイフが別だったり、家庭内別居

59

だからと主張しても（笑）、生計が別だとは認められません。

　その代わり個人事業の場合、同一生計の家族が支払った、たとえば固定資産税など費用の一部は、個人事業主本人が支払ったとみなして必要経費にできます（86頁参照）。

会 同居の家族に支払う家賃も必要経費

　会社だと、自宅を事務所（店舗）として使っている場合、不動産の持ち主が会社の代表者と家計が1つかどうかは関係ありません。事務所（店舗）の使用料として、家族に支払った家賃は当然会社の経費になるので、会社のほうがメリットがあります。

　事務所（店舗）の家賃を、おサイフが別の家族に支払う場合は、個人事業主でも会社でも経費にできるので両者に違いはありませんが、生活をともにする家族に支払う場合は、会社のほうが簡単に経費にできます。

会 自宅は会社で契約する

　ここまでのメリットはまだ序の口です。会社にすると、自宅兼事務所のうち、居住用スペースとして使っている部分を社宅にできるというメリットがあります。

　個人事業では、自宅や自宅兼事務所のうち自宅部分は事業とはまったく関係がないので、家賃や固定資産税を経費にすることはできません。

　ところが会社の場合は違います。**代表者の自宅を会社の社宅として扱えば、家賃や保険料など、自宅にかかる費用の一部を会社の経費にできるのです。**

会 自宅を役員社宅にする

　まず自宅が賃貸の場合には、その賃貸借契約を社長個人から会社に切り替えます。会社は家賃を大家さんに支払い、役員から社宅の家賃負担金として、たとえば家賃の50％を給料から天引きします。すると、自宅家賃の半分が個人負担、残りが会社負担となります。

　会社が所有する家に社長であるあなたが住む場合でも、適正な家賃を会

社に払えば、自宅にかかる減価償却費や維持費、ローンの利息などを、全額会社の経費にできます。

　たとえば家賃30万円の自宅兼事務所に住んでいた場合、事業用割合が50％とすると、まず15万円が会社の経費になります。残りの居住用家賃の15万円のうち、7万5,000円を役員の給与から天引きするとすれば、残りは居住用の7万5,000円となり、最大で「15万円 ＋ 7万5,000円 ＝ 22万5,000円」を会社の経費にできるというわけです。

会 自宅を購入することもできる

　これから自宅の購入を考えている人は、会社で購入し役員社宅として貸しつければ、さまざまなメリットが生まれます。建物の減価償却費だけでなく、固定資産税、火災保険、不動産を購入するための借入金の利子などを会社の経費にできるからです。つまり、自宅という本来ならまったく事業と関係ない不動産にかかる維持費を経費にできてしまうのです。

　しかも不動産には担保価値があるので、銀行から資金調達をする際も、会社所有の不動産があると有利なのはいうまでもありません。

🔔 POINT

● 個人事業では、居住用の家賃は経費にならない。
● 会社をつくれば、同一生計の家族に支払う家賃を必要経費にすることができる。何といっても役員の自宅を社宅にして、社宅家賃を経費にできる点は会社をつくる大きなメリットのひとつ。

会社にするかどうかの判断基準 09

● 生計を一にする家族が事業用（自宅兼用含む）の不動産を所有している　　　Yes　No

法人化チェックリスト 09

● 不動産は個人名義でなく、会社名義で所有してもいいと思う　　　Yes　No

印税や著作権使用料などの収入がある人は、どちらが有利？

㊜ フリーランスの収入は 不安定な場合が多い

　フリーランスと呼ばれる人には、原稿料収入や印税収入の多い人がたくさんいます。しかし、こういった種類の収入は、毎年一定して発生するというより、ある年だけ売上が跳ね上がったかと思うと、翌年には半分以下になったりするものです。印税は不労所得なので、なかなか経費も認められず、自分で売上をコントロールできるわけでもないので、とんでもない金額の税金が発生してしまうのも特徴です。

㊜「平均課税」で税金を軽減させられる

　こういう不安定な収入の人のために、税金を少なくする方法があります。これを**「平均課税」といい、過去３年間の収入をならして税金の計算をします。**

　平均課税を使えるのは「変動所得」または「臨時所得」のある個人で、変動所得と臨時所得の合計額が、ほかのすべての所得の合計額（分離課税分を除く）の20％以上ある人にかぎられます。

❶「変動所得」ってどんなもの？

変動所得とは、次のようなものが該当します。

❶ 漁獲・養殖から生じる所得
❷ 原稿または作曲などの報酬による所得
❸ 著作権の使用料による所得

❷「臨時所得」ってどんなもの？

臨時所得とは、次のようなものが該当します。

❶ プロスポーツ選手などが受け取る契約金のうち、3年以上の専属契約に基づき受け取る一時金で、通常の報酬年額の2倍以上に相当する所得

❷ 不動産などを3年以上賃貸する場合に、一時に受け取る権利金などで、通常の家賃収入の2倍以上に相当する所得

個「平均課税」が断然お得

契約料などを受け取って、ある年に急に収入が多くなったら、平均課税を適用します。これは**変動所得・臨時所得のうち、5分の1を通常の所得とみなして、税金を計算する**ものです。所得税は累進課税（68頁参照）なので、本来の税率より、グッと低い税率で計算できるというわけです。もちろん残りの5分の4にも、この低い税率を掛けることができます。

原稿料などの変動所得は、年によって多かったり少なかったりと、上下が激しいのが普通です。そこで、過去3年間の変動所得の平均値を計算します。過去2年に比べて印税収入が急に増えた人は、平均課税を使うと通常よりかなり低い税率で計算できるのです。

所得税の税率は5％から45％までの幅があります。たとえば、通常なら300万円程度の所得の人が急に収入が増えて1,000万円になったとします。その場合、普通に計算すると33％の税率が適用されます。しかし、平均課税だと15％程度ですむ可能性もあります。前年や2年前との収入格差が大きいほど、メリットがあるのです。

個 平均課税の選択のしかた

平均課税を使いたい人は、確定申告書の欄外に「平均課税」と注記し、「変動所得・臨時所得の平均課税の計算書」という付表を添付するだけです。事前の届出も必要なければ、連続して使用しなければならないという制限

もありません。

㉠ 平均課税を選択するか否かの判断

　去年、一昨年に比べて、今年は原稿料や印税などの収入が減っている
……なんて場合には、平均課税を使うとかえって損をします。そういう人
は平均課税を使わないで、通常どおりの計算方法で確定申告をします。

　去年は所得が少ないけれど一昨年は反対に多いというような場合には、
3月の確定申告のときに計算してみないとどちらが有利かわかりません。
そういう人は、**申告書を提出する前に、通常の税金計算で出た金額と平均
課税で計算した税金の額を比較して、まずどちらが有利になるのかを確認**
します。平均課税は、その年によって有利なほうを自由に選択できるとい
う便利なしくみなので、これを利用しない手はありませんね。

㉡ 掛ける税率は変わらない

　会社には、平均課税という特別な税金のしくみはありません。飲食店収
入だろうと、印税収入だろうと、株式の売却益だろうと、収入の種類によっ
て税金の計算方法が変わるという発想がないのです。

💡 POINT

> ● 特別な税金の計算方法は、所得税に特有のもので法人税にはない。
> 特に印税収入など変動所得が多いフリーランスの人は、常に安定
> した収入が確保できるようになるまでは、安易に法人化を考える
> のは危険。税理士など専門家に相談して、慎重な税金のシミュレー
> ションをしよう。

会社にするかどうかの判断基準 10		
● 印税収入などの変動所得は総所得金額の 20% 未満である	Yes	No

法人化チェックリスト 10		
● 会社をつくるメリットは、節税だけではないと思っている	Yes	No

会社をつくる
メリットとデメリット
第1章

個人事業と会社組織は
どっちがお得？
第2章

事例に基づいて
税金を計算してみよう
第3章

会社をつくる前に
知っておくこととやっておくこと
第4章

世界一やさしい
会社のつくり方
第5章

11 給料を支払って節税ができる⁉

節税は「会社＋個人」で考える

⚠ 納税額は「税率テーブル」で決まる

ひと口に税金といっても、会社と個人事業主では所得税と法人税という別々の法律に基づいて申告するため、さまざまな違いが生まれます。読者のみなさんにとって1番気になるのは、やっぱり「じゃあ、結局、どっちがおトクなの？」ということですよね。

会社だろうと個人だろうと、最終的な「利益」に課税されるという考え方は一緒。そこでキーになるのが、それぞれの「税率」というわけです。

会社にかかる法人税は、「利益」が800万円以下だと15％、800万円を超えると23.2％と、2段階に分かれています。一方、個人にかかる所得税は、「利益」によって5％から45％の間で7つの税率が決められています。

さて、ここからがポイントです。会社をつくると、会社は役員であるあなたに給料を支払います。つまり、あなたはサラリーマン時代と同じように、給料から天引きという形で所得税を支払います。そこで、**法人税と所得税のしくみがわかれば、会社と個人をあわせて、最も有利な税率が適用されるように、自分に払う給料の金額を決めて、効果的に節税できる**というわけです。

では、法人税、所得税のしくみを見ていきますが、まずは、こんなものかという程度に理解すれば十分です。

会「法人税」の計算のしかた

会社は1年に1度、収入とかかった経費、そしていくら儲かったか（＝利益）を計算し、いわゆる「決算書」を作成します。次に、決算書上で計算された「利益」に「法人税特有のプラスマイナス」をして、法人税上の「課

税所得」を導き出します。

この「課税所得」に、前頁の税率を掛けると、「納めるべき法人税」が、計算されるというわけです。

⚫「地方税」の計算のしかた

利益にかかる税金は法人税だけではありません。法人税は国に納める税金です。ほかに「**法人事業税**」と「**法人住民税**」という地方税も払わなければならないのです。

法人事業税の計算は少し複雑です。

❶ 会社の「儲け」に応じて、3.5％から7.0％の税率を掛けて計算する ⇒ 事業税

❷ ❶で計算した事業税に37％を掛けて計算する ⇒ 特別法人事業税

❸ ❶に❷を加えて都道府県に申告します。

「法人住民税」は、都道府県に払う税金と、市町村に払う税金に分かれます。税率も地方によって、ある程度の裁量が決められています。**法人税に6％を掛けて「市町村民税」、1％を掛けて「道府県民税」を計算するのが「標準税率」**です。各自治体の事情に応じて、より高い「超過税率」を使ったり、逆に低い「軽減税率」を採用しているので、最寄りの自治体のホームページで確認しましょう。また東京23区にかぎっては、都民税1％と特別区分6％をあわせた7％を、東京都にのみ申告・納税するしくみになっています。

⚫ 考えなくてはいけない「実効税率」とは？

このように会社にはさまざまな税金がかかり、その計算方法も複雑です。そこで全部の税金をひっくるめて、「要するに、一体何％の税率がかかっているのか」をざっくり知るために、「実効税率」という考え方があります。**実効税率は、会社の所得や規模に応じて21％から34％ぐらいと覚えておいてください。**

会社をつくる
メリットとデメリット
第1章

個人事業と会社組織は
どっちがお得？
第2章

事例に基づいて
税金を計算してみよう
第3章

会社をつくる前に
知っておくことやっておくこと
第4章

世界一やさしい
会社のつくり方
第5章

個「個人事業の所得税」の
課税ルールを節税に利用する

　事業で稼いだ「儲け」は、不動産収入や給与など、そのほかの所得とあわせて「**総合課税**」で計算します。こうして計算した所得の合計額から、人によって配偶者控除や医療費控除など、特別な控除をマイナスして「課税所得」を計算します。

　ここで計算した「課税所得」に、5％から45％までの7段階の税率を掛けて所得税を計算します。このように、「利益」に応じて税率が増えることを「**累進課税**」といいます。

　節税は、「会社 ＋ 個人」で「結局のところ合計で税金がいくらになるか」と考えます。会社をつくれば、個人事業にかかる所得税の「累進課税」という性質を利用して、大きな金額を節税することができます。

　ちなみに「個人住民税」は所得に関係なく、利益に対して一律10％を掛けて計算します。

会 自分に給料を払って節税しよう

　会社にすると、代表者も会社から役員報酬という給料を受け取ります。そのときの節税ポイントはただ1つです。

　所得税と個人の住民税をあわせた税率が、法人税の実効税率以下になるように自分の給与を決める

　会社の実効税率は1番低いもので約21％です。**個人の所得税と住民税をあわせた税率が21％以下になるように給料を設定すれば、最も節税効果が高くなる**のです。次頁の「個人の場合の税率」にある「所得税の税率」を見てください。「給与所得」が330万円以下だと、所得税率10％（❶）に住民税率10％（❷）を足して20％です。そこで、**「給与所得」330万円に「給与所得控除の金額」と「基礎控除」48万円を足して、520万円になるように自分の給料を決めればOK**というわけです。

　たとえば、自分に給料を払う前の会社の利益が1,000万円だとします。1,000万円すべてを役員報酬として自分に払うと、給与所得控除（195万円）マイナス後の課税所得は805万円になるので、23％の所得税（❸）と

10%の住民税（❷）をあわせて33%の税率になります。
　しかし、下記の給与所得控除の表を使って逆算し、役員報酬を520万円
（給与所得控除（❹）は520万円×20％＋44万円＝148万円）に抑えれば、
個人の税率は20％ですむことがわかります。個人事業より会社のほうが
節税メリットを取れるカラクリが、おわかりいただけたでしょうか。

● 個人の場合の税率
● 所得税の税率

基礎控除48万円をマイナスすると324万円

所得税の金額	税率	控除額	計算方法
195万円以下	5%	－	所得 × 0.05
195万円超　330万円以下 ❶	10%	9万7,500円	所得 × 0.1 － 9万7,500円
330万円超　695万円以下	20%	42万7,500円	所得 × 0.2 － 42万7,500円
695万円超　900万円以下 ❸	23%	63万6,000円	所得 × 0.23 － 63万6,000円
900万円超 1,800万円以下	33%	153万6,000円	所得 × 0.33 － 153万6,000円
1,800万円超　4,000万円以下	40%	279万6,000円	所得 × 0.4 － 279万6,000円
4,000万円超	45%	479万6,000円	所得 × 0.45 － 479万6,000円

(復興特別所得税は未考慮)

● 給与所得控除の計算

給与所得の源泉徴収票の支払金額 Ⓐ	給与所得控除の金額
180万円以下	Ⓐ×40％ － 10万円 （55万円に満たない場合には、55万円）
180万円超　360万円以下	Ⓐ×30％ ＋8万円
360万円超　660万円以下 ❹	Ⓐ×20％ ＋44万円
660万円超　850万円以下	Ⓐ×10％ ＋110万円
850万円超	195万円（上限）

給与520万円の場合の給与所得控除

● 住民税の税率

一律10％ ❷　(ただし、税負担調整控除あり)

🔔 POINT

● 確実に節税する早道は、会社をつくって自分に給料を払うこと。
このとき会社と個人で払う税金をあわせて、最も税率が低くなる
ように役員報酬を設定する。

● 実効税率の比較

どちらの税率が得か判断する

● 会社の実効税率

会社の課税所得	税率
400 万円以下	21%
800 万円以下	23%
1,000 万円以下	34%
1,000 万円超（東京都の場合）	34.3%

● 個人の実効税率

個人の課税所得	税率
195 万円以下	15%
330 万円以下	20%
695 万円以下	30%
900 万円以下	33%
1,800 万円以下	43%
4,000 万円以下	50%
4,000 万円超	55%

（復興特別所得税は未考慮）

● 会社の場合の税率

● 法人税の税率（❶）

所得年 800 万円以下	15%
所得年 800 万円超	23.2%

● 地方法人税（❷）

法人税額の 10.3%

● 事業税の税率（❸）

所得年 400 万円以下	3.5%
所得年 800 万円以下	5.3%
所得年 800 万円超	7.0%

● 特別法人事業税（❹）

事業税額の 37%

● 法人住民税の税率（東京都の場合）（❺）

法人税額 1,000 万円以下	7.0%
法人税額 1,000 万円超	10.4%

● 実効税率の計算のしかた（例：所得が 400 万円以下の場合）

$$\frac{(❶)\ (❶×❷)\ \ (❸×❹)\ \ (❶×❺)}{(100 + 3.5 × 1.37)} × 100 = 21.36$$

（❶）（❶×❷）（❸×❹）（❶×❺）
$$\frac{(15 + 15 × 0.103 + 3.5 × 1.37 + 15 × 0.07)}{(100 + 3.5 × 1.37)\quad(❸×❹)} × 100 = 21.36\ \text{実効税率}$$

会社にするかどうかの判断基準 11

● 会社にした場合、500 万円程度の役員報酬を取れる見込みがある　　**Yes　No**

法人化チェックリスト 11

● 節税にはとても興味がある。あらゆる方法を試してみたい　　**Yes　No**

12 給料を支払って節税ができる!?

会社なら、自分に支払う役員報酬で税金がグッと安くなる

❶ 自分に支払う「役員報酬」があなたの給与

　個人事業主として起業すると、その所得は「事業所得」になります。しかし会社をつくって役員として給与をもらうと、サラリーマン時代と同じように給与所得者に戻ります。サラリーマンが会社から受け取る給与は、**「給与所得」**です。ここでは、給与所得の税金の計算方法を見ていきます。「給与所得」は「事業所得」と同じように、**「総合課税」**で税金を計算します。

会 「収入」と「所得」の違い

　税金の計算をするとき、所得と収入は分けて考えなければなりません。**収入は売上と同じようなもの**です。税金の世界では、「収入」から経費をマイナスしたものを「所得」と呼びます。経費とは、収入を得るために使った仕入代金や人件費、家賃、交通費、交際費などをいいます。つまり、**「所得」は利益と同じもの**と考えていいでしょう。大切なのは、税金を計算するときに「収入」と「所得」を使い分けることです。

> 　事業所得 ＝ 収入（売上）－ 必要経費

❷ サラリーマンの必要経費って何？

　事業所得の場合、「収入 － 経費 ＝ 所得」です。給与所得も所得なので、同じように経費があります。では、「給与所得の経費」って何でしょう。
　サラリーマンの必要経費と聞いてすぐに思い浮かぶのは、スーツや名刺入れなどです。問題は、これらを経費として単純に認められるかどうかです。答えはノーです。しかし、それでは事業所得者と比べて不公平！　と

70

いうことで、サラリーマンには、「給与所得控除」というしくみがあります。これは、給与の金額によって、決まった割合を自動的にマイナスした額を「課税所得」とし、これを元に税金を計算するやり方です。**サラリーマンの場合、額面金額が収入、「給与所得控除の金額」が経費**というわけです。

給与所得 ＝ 給与の額面金額 − 給与所得控除の金額

　たとえば年収500万円の場合、給与所得控除額をマイナスしたあとの金額は356万円にしかなりません。差額の144万円は、いわばサラリーマンの必要経費として税金がかからないのです。

　年末調整で会社から発行される源泉徴収票を見てください。「給与所得控除後の金額」という欄があります。給与の額面金額に課税されていないことがわかります。さらに給与所得控除後の金額から、社会保険料控除や配偶者控除など、さまざまな控除がマイナスされたあとの金額が「課税所得」になるのは、個人事業主と同じです。**最終的には、「課税所得」に所得税率を掛けて税金の計算をします（68頁参照）。**

会 自分に支払った給与所得も必要経費

　個人事業主が税金を計算するときは、まず収入から経費をマイナスして事業所得を計算します。さらに配偶者控除など、所得税法特有の控除をして「課税所得」を計算し、これに税率を掛けて税金を計算します。

　会社をつくって法人税の申告を計算するときも、似た考え方をします。

会社の所得 ＝ 会社の収入 − 会社の経費

　個人事業との最大の違いは、「会社の経費」の中にあなた自身に払う「役員報酬」が含まれることです。個人事業は、「利益」に対する所得税（個人住民税）だけを支払います。一方、会社だと、会社の「利益」に対する法人税（法人住民税）プラス、あなたの役員報酬に対する所得税（個人住民税）を納めることになるのです。節税は、会社と個人であわせて考えるべきとお話ししました。**会社にすると個人事業よりも収入から差し引ける**

「経費」が、ここでは給与所得控除の金額分だけ多くなります。 では、会社の場合と個人事業の場合とで、どのくらい違うか比較してみましょう。

　売上が1,000万円で経費が400万円の個人事業の場合、所得税は600万円の利益に対して課税されます。会社の場合は、売上の1,000万円から自分への給与500万円を含めた経費900万円を引くと、利益は100万円になります。100万円の利益に対する法人税と500万円の役員報酬から144万円の給与所得控除を引いた356万円に対する所得税を支払います。するとどうでしょう。個人事業の「課税所得」は600万円、会社をつくって役員報酬を支払えば、会社と個人をあわせた「課税所得」は「100万円 ＋ 356万円 ＝ 456万円」に減っているではありませんか！

　つまり、サラリーマンの経費「給与所得控除」の144万円分経費が増えたことになります。ただし、美味しい話ばかりではありません。給与所得控除には上限があります。給与が850万円を超えると、最大で195万円です。稼ぐ社長にとっては、なんだか納得できない話ですが、**「給与所得控除」が会社をつくるメリットである**ことに変わりはありません。

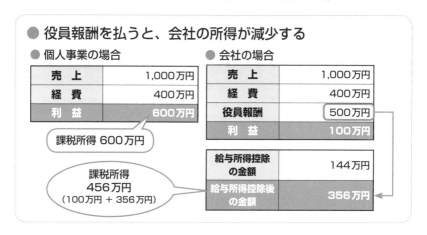

● **役員報酬を払うと、会社の所得が減少する**

● 個人事業の場合

売　上	1,000万円
経　費	400万円
利　益	600万円

課税所得 600万円

課税所得
456万円
（100万円 ＋ 356万円）

● 会社の場合

売　上	1,000万円
経　費	400万円
役員報酬	500万円
利　益	100万円

給与所得控除の金額	144万円
給与所得控除後の金額	356万円

会社にするかどうかの判断基準 12		
●（個人事業でも）毎月定額を生活費として引き出している	Yes	No

法人化チェックリスト 12		
● 起業した（する）以上は、自分の給与は 900 万円以上を目指している	Yes	No

13 給料を支払って節税ができる!?

家族に給与を支払うことで所得の分散を図る

会 「累進課税」と「給与所得控除」を最大限利用

　会社をつくって「**家族に給与を支払い、所得の分散を図る**」。これがさらに税金を安くする秘訣です。なぜなら、所得税は「**累進課税**」(68頁参照)なので、**代表者であるあなたが1人で高額な給料をもらうよりも、家族を役員にして給料を払えば、1人ひとりの所得税をより低い税率で計算できる**からです。さらに給与所得控除の金額を計算するときの率は、給与の収入金額が低いほど率が高く（控除できる割合が多く）なります。この両者のあわせ技を使えば、家族全体の税金を低く抑えられるのです。

　もちろん役員として会社の経営に携わることが条件ですが、起業したてのときに妻が会社の経理や資金ぐりを担当するのはよくある話です。ただし夫の役員報酬が1,095万円を超えると、配偶者控除を満額受けることはできません。夫の年収と妻の年収に応じて、配偶者控除および配偶者特別控除の金額は、下表と次頁の表のように変化するので参考にしてください。

　配偶者特別控除とは、妻の給与が103万円を超えるため配偶者控除が受けられない場合に、妻の所得に応じて認められる所得控除のことをいいます。

● 配偶者控除の金額

控除を受ける納税者本人の合計所得金額	配偶者控除の金額
900万円以下	38万円
900万円超　950万円以下	26万円
950万円超 1,000万円以下	13万円

● 配偶者特別控除の金額

		控除を受ける納税者本人の合計所得金額		
		900万円以下	900万円超 950万円以下	950万円超 1,000万円以下
配偶者の合計所得金額	48万円超 95万円以下	38万円	26万円	13万円
	95万円超 100万円以下	36万円	24万円	12万円
	100万円超 105万円以下	31万円	21万円	11万円
	105万円超 110万円以下	26万円	18万円	9万円
	110万円超 115万円以下	21万円	14万円	7万円
	115万円超 120万円以下	16万円	11万円	6万円
	120万円超 125万円以下	11万円	8万円	4万円
	125万円超 130万円以下	6万円	4万円	2万円
	130万円超 133万円以下	3万円	2万円	1万円

個「青色事業専従者」という方法もある

　個人事業でも、青色申告を選べば家族従業員（青色事業専従者）に給料を支払うことができます。**その金額が経費として認められるかは、給料の額が労働の対価として妥当かどうかで判断**されます。

　たとえば妻が経理を担当している場合、もし経理事務スタッフを雇ったら、その人にいくら払うかを考えてください。一般的には月給20万円程度が妥当な金額ではないでしょうか。次節で詳しくお話ししますが、個人事業主が妻に給料を払うときは、そのほかにもさまざまな制約があります。

会適正な役員報酬を支払うのが絶対条件

　もちろん、代表者であるあなたよりも、非常勤の妻のほうが給料が高かっ

74

たり、離れて住んでいる両親に高額な役員報酬を支払うのはNGです。租税回避行為とみなされ、税務調査で**「過大役員報酬」**として否認されてしまいます。役員報酬や役員賞与を否認されると、個人に対する所得税はそのままかかり、否認された給料分だけ会社は、法人税を余計に払う羽目になります。くれぐれも**勤務実態にあわせて、妥当な金額を支払うことがポイント**です。

会「非常勤役員」の役員報酬適正額とは？

　役員報酬も、もちろん対価性が勘案されます。なので、たとえ非常勤役員といえども、会社や第三者に対して役員としての責任は重大です。その責任の重さは、個人の青色専従者とは比べものになりません。会社の役員報酬が、個人の青色専従者より高額になるのは当然といえば当然なのです。妻が経理・財務担当の常勤役員の場合、たとえば月額50万円程度を支払ったとしても不相当に高い金額とはいえないでしょう。

会 社会保険と厚生年金

　給与の金額によって金額が変わるのは、社会保険料や年金も同じです。年金については、あとで詳しくお話しするので、ここでは**社会保険料や年金にもメリットが出る**ことを覚えておいてください。

⚠ POINT

- 会社をつくって、家族にも役員報酬を支払えば、所得税の累進課税と給与所得控除を活用して大きな節税効果を得ることができる。

会社にするかどうかの判断基準 13		
● 事業を手伝っている家族がいる（手伝ってもらう予定）	**Yes**	**No**

法人化チェックリスト 13		
● 家族を会社の役員にすることに、まったく抵抗はない	**Yes**	**No**

● 個人事業所得と給与所得の場合の税金の違い

配偶者控除以外の所得税各種控除70万円とする
配偶者控除以外の住民税各種控除65万円とする　（妻は基礎控除のみ）

❶ 個人事業主で、専従者給与は支給しないケース
（妻の配偶者控除を受けることができる）

	所　得	課税所得	所得税	住民税	合計税額
事業主	700万円	592万円	75万6,500円	59万7,000円	135万3,500円
妻	0円	0円	0円	0円	0円
合　計	700万円	592万円	75万6,500円	59万7,000円	135万3,500円

❷ 個人事業主で、妻に専従者給与103万円支払うケース
（妻の配偶者控除を受けることができない）

	所　得	課税所得	所得税	住民税	合計税額
事業主	597万円	527万円	62万6,500円	52万7,000円	115万3,500円
妻	103万円	0円	0円	5,000円	5,000円
合　計	700万円	527万円	62万6,500円	53万2,000円	115万8,500円

❸ 会社にして、妻に給与は支給しないケース
（妻の配偶者控除を受けることができる）

	所　得	課税所得	所得税	住民税	合計税額
代表取締役	700万円	412万円	39万6,500円	41万7,000円	81万3,500円
妻	0円	0円	0円	0円	0円
合　計	700万円	412万円	39万6,500円	41万7,000円	81万3,500円

❹ 会社にして、妻に給与を103万円支給するケース
（妻の配偶者控除を受けることができる）

	所　得	課税所得	所得税	住民税	合計税額
代表取締役	597万円	325万6,000円	22万8,100円	33万600円	55万8,700円
妻	103万円	0円	0円	5,000円	5,000円
合　計	700万円	325万6,000円	22万8,100円	33万5,600円	56万3,700円

❺ 会社にして、妻に給与を300万円支給するケース
（妻の配偶者控除を受けることができない）　　　　　　　　　1番お得！

	所　得	課税所得	所得税	住民税	合計税額
代表取締役	400万円	206万円	10万8,500円	21万1,000円	31万9,500円
妻	300万円	154万円	7万7,000円	15万9,000円	23万6,000円
合　計	700万円	360万円	18万5,500円	37万円	55万5,500円

14 給料を支払って節税ができる!?

個人事業の場合、給与を支払うにはさまざまな制約がある

❗「家族」に給与を支払うのはダメ？

　個人事業主が、生計を一にする家族に給与を支払っても、それは経費としては認められません。**「生計を一にする」とは、要するにオサイフが1つだということ**です。しかし、特別に経費に算入できるケースもあります。

個 白色申告者の場合

　夫婦で協力してお店を経営する個人事業主はたくさんいます。夫が営業し、物をつくるかたわらで、妻が電話の応対をしたり帳簿をつけたりという感じでしょうか。このように家族が、個人事業主であるあなたの事業を手伝っている場合、白色申告だと配偶者で年間86万円、配偶者以外の家族で50万円が経費として認められます。しかし、年間ですから本当にわずかな金額ですね。

個 青色申告者の場合

　あなたが青色申告を選択している場合は、どうなるでしょうか。

　まずその年の3月15日まで（新規に事業をはじめる場合には、開業から2カ月以内）に、たとえば「妻に月給10万円、賞与を20万円支払います」などと書いて、税務署に届けておきます。これを「**青色事業専従者給与に関する届出書**」といいます。そうすれば、税務署に届けた金額の範囲内で、支払った給与を経費にできます。

　この届出書には、専従者の仕事の内容、毎月の給料と賞与の額、支払い時期などを書くことになっています。税務調査のときには、「青色事業専従者給与に関する届出書」に記載された金額の範囲内で給与が払われてい

るか、その金額が妥当であるかがチェックされます。**たとえ予想以上に儲かったからといって、あらかじめ届け出た金額以上に給料を支払っても、経費としては認められない**ので注意が必要です。

⑩ 青色事業専従者にするための要件

　生計を一にする家族が、（青色）事業専従者にするための要件は次のとおりです。

> ❶ 12月31日現在の年齢が15歳以上であること
> ❷ その年を通じて、6カ月を超える期間、もっぱら事業に従事していること

　「もっぱら」というのは、妻がほかの会社に勤めていたり、妻自身が別に個人事業を行ったりしていないかということです。パートタイマーで本当に短時間しか働いていないなど、あなたの事業を手伝うことに問題がないと認められればOKという例外はありますが、**原則として妻がほかの仕事をしているのに、給与として現金を渡してもそれを経費にすることはできません。**
　それが会社だったら、同一生計のおじいちゃんやおばあちゃんが、自分でも会社を経営していたり、別の会社に勤めていても問題ありません。非常勤として、あなたの会社を少しでも手伝ってくれていれば、その分の給与を支払って経費にすることができます。
　なぜ個人事業には、このような制約があるのでしょうか。それは、個人事業の場合、家族に給与を支払ったのか、単に生活費やお小遣いを渡したのかの区別ができないからです。

⑩ 「事業専従者」は「扶養家族」になれない

　また個人事業だと、どんなに少額でも専従者給与を払うと、その家族は配偶者控除や扶養控除の対象にならないというデメリットがあります。
　夏休みや冬休みの間だけ手伝ってもらったからといって、年間10万円程度の専従者給与を子どもに支払っただけで、その子どもは扶養家族から

外れてしまいます。かえってあなたの納税額が多くなってしまうので、注意してください。

　会社の場合は、夫の報酬を1,220万円以下、妻に支払う役員報酬を103万円以下にしておけば、妻に役員報酬を支払いながら、同時にあなたの扶養家族にすることができます。会社だと、どうすれば家族全員の税金が安くなるのかシミュレーションして、いろいろなパターンを考えられるのです。

個 そのほかの留意点

　次のような場合、妻に支払った給与の経費算入は無条件には認められないので注意してください。

❶ 専従者給与が、長期間にわたり未払いの場合
❷ 専従者給与の額が、事業主の所得より多い場合
❸ 1人の人が同時に2人以上の専従者になった場合

会 制約は一切ない

　会社をつくって家族を役員や従業員にした場合は、それが妥当な金額であるかぎり、これらの制約は一切ありません。

💡 POINT

● 個人事業でも、一定の条件を満たせば家族に支払った給与を経費にできるが、さまざまな制約がある。
● 家族に対する給与の支払い方を自由に設計できる会社のほうが有利。

会社にするかどうかの判断基準 14		
● 妻に103万円以上の給与を支払っている（支払う予定）	**Yes**	**No**

法人化チェックリスト 14		
● 事業を手伝っている家族がほかの会社に勤めていたり、自分でも事業を行っている	**Yes**	**No**

役員報酬の決め方には、ルールがある

⚠ 会社が「役員報酬」を支払うデメリット

　会社にすると、自分に役員報酬を支払ったり家族に給料を払うだけでも多くの節税メリットがあります。しかし、不自由な点もたくさんあります。

個 余ったお金は自由に使える

　個人事業だと、余ったお金を自由に引き出したり、生活費として事業用の通帳から引き出して、プライベートの通帳へ振り込めます。予想以上にお金が残ったら、全額引き出して、趣味の車を買ったり家族で旅行に行くのも自由です。

会 儲かっても会社のお金は会社のもの

　しかし会社だと、どんなに儲かっても会社のお金は会社のものです。会社は、毎月決まった金額をあなたに給料という形でしか払えません。会社のお金と個人のお金を混同することは許されないからです。期待以上に儲かって、通帳に多額の残高が残っても、それはあくまでも会社のお金です。**代表者といえども、勝手に引き出して、個人的な支払いにあてることはできないのです。**

会 個 資金繰りが厳しい ⇒ 自分の給料をがまん

　事業を行っていくうえで、なんといっても大変なのが「資金繰り」です。
　個人事業の場合、業績が悪くて思うように入金がなければ、「しかたがない、今月は自分の取り分はなしにしよう」ということができます。しかし、

会社はそうはいきません。いったん払うと決めた役員報酬は1年間は変更ができないからです。でも現実的には通帳に残高がありません。そこでどうするかというと帳簿上「未払」として処理し、その後会社の資金繰りがよくなったら、その金額を全額支払うことになります。

会 役員の賞与は経費にならない

なぜこんな面倒なことになっているのかというと、会社の役員報酬は、1年間は変更できないと法人税で決まっているからです。役員報酬を自由に変更できると、たいていの人はこう考えます。

「今年は、思った以上に儲かりそうだから、税金が大変だ。来月から役員報酬を上げれば節税になる」

しかし、それでは利益操作が簡単にできてしまうので、税務署も認めるわけにはいきません。そこで役員報酬は、最低1年間は、毎月同額でなければならないというルールが決められているのです。

これは決して、儲かった月や資金繰りの苦しい月に役員報酬を増減してはいけないという意味ではありません。**月によって増減するのは会社の自由だけど、税務署としては、通常月との差額は「役員報酬」ではなく「役員賞与」として扱いますよ**というわけです。

では、役員報酬と役員賞与はどこが違うのでしょうか。税金の世界では、役員報酬は当然の必要経費ですが、**役員賞与は経費として認められていない**のがポイントです。

会 役員報酬変更のタイミングは 年1回しかない

小さな会社の場合、決算が終わったら2カ月以内に定期株主総会を開き、その翌年の役員報酬を決定するのが一般的です。つまり、役員報酬は年に1回、決算が終わって3カ月目に支給される報酬のときにしか変更ができないのです。これは、株主1人取締役1人の会社でも例外ではありません。

会計年度の途中で役員報酬を変更すると、増減部分の金額は役員賞与になり、経費として認められなくなってしまいます。すると何が起きるかというと、役員が払う所得税はそのままに、会社が払う法人税だけが高くな

ります。つまり、法人税と所得税を二重に払う羽目になってしまうのです。

　このルールは、代表取締役であるあなただけでなく、妻や生活をともにする家族にも適用されます。家族で経営している同族会社の場合、簡単に家族の役員報酬が増減できてしまうと、会社の利益操作が自由自在になってしまうからです。

POINT

● 会社にすると、自分や家族に役員報酬を払うだけで節税メリットがある。
● しかし、個人事業のようにお金を自由に使えなくなるというデメリットもある。

会社にするかどうかの判断基準 15		
● 年度によって、売上に2倍以上の変動幅がある （幅が出そう）	Yes	No
法人化チェックリスト 15		
● 事業で儲けたお金でも、個人で自由に使っていいとは 思わない	Yes	No

16 給料を支払って節税ができる!?

会社なら、事業主や家族に退職金を支払うことができる

会 「退職金」は必要経費

　生命保険は、会社名義で加入することもできます。役員1人株主1人の小さな会社は、代表であるあなたに万が一のことがあったらお手上げです。会社で生命保険に加入するのは、リスクヘッジのためにも、将来の役員退職金の原資を確保するためにも有効な手段といえます。しかし、会社で加入した生命保険金が満期になったり、解約して返戻金が入金されたら、いっぺんに多額の税金がかかります。

　では税金を払うのはやむを得ないのかというと、ちゃんとうまいしくみがあります。日本では退職に際して、まとまった金額の退職金を支払うことが慣習化しています。社長であるあなた自身はもちろん、役員だった家族が退職する場合でも、支払った退職金は立派な会社の経費です。**返戻金として受け取った保険金は会社の収入になりますが、同額の退職金を払えばプラスマイナスゼロとなり、結果的に法人税を支払う必要がなくなる**というわけです。

① 受け取る個人には「退職所得控除」がある

　退職金を受け取ったら、その人は所得税を支払わなければなりません。しかし退職金にかかる税金は、通常の税金計算と比べてとても優遇されているのです。退職所得を計算するときは、勤続年数に応じて退職所得控除をマイナスできるからです。たとえばあなたが勤続25年だとすると、退職金1,150万円までは税金がかかりません。

　さらに、退職金の場合は、退職金から退職所得控除をマイナスし、その金額をさらに2分の1にできるというメリットもあります。

　退職金収入は分離課税というのも、税金が安くなる理由のひとつです。

退職所得だけをほかの所得から切り離して5％から45％の税率を掛けて計算するので、退職金の税金はぐんと安くなるのです。ただし下記の場合は2分の1の特典は使えないので注意してください。

❶ 勤続年数が5年以下の役員
❷ 勤続年数が5年以下の従業員で退職金が300万円を超える場合

　退職金の税金計算は複雑ですが、要するに同じ金額を給与でもらった場合と比べると、ほんのわずかな税金を納めるだけですむというわけです。

🏢 適正な「役員退職金」の試算方法

　いくら税金が安いといっても、やみくもに高額な役員退職金を払うと、税務署からダメ出しされてしまいます。では、適正な退職金はどのように決めればいいのでしょうか。その目安となるのが「**功績倍率**」です。

役員退職金 ＝ 退職する年の月額報酬 × 勤続年数 × 功績倍率

　この方法は、実務的に多くの会社が採用しているので、同種・同規模の会社の功績倍率データはインターネットで簡単にチェックできます。最近では**1.5倍から3倍あたりが平均値**となっています。
　会社を設立して20年後に退職する場合を考えてみましょう。あなたの役員報酬が月100万円だとすると、6,000万円程度「100万円 × 20年 × 3 ＝ 6,000万円」の役員退職金がもらえることになります。

🏢 退職金の所得税を計算してみよう

　退職金が1,000万円の場合の所得税を計算してみましょう。たとえば勤続15年として、退職金から600万円の退職所得控除を引くと400万円になります。さらにこれを2で割るので、200万円が課税所得です。
　200万円に対する所得税と住民税の合計は30万2,500円です。1,000万円の事業所得に対する税金は233万9,000円なので、退職金でもらうとなんと203万6,500円もの節税ができるというわけです。

㊙ 退職金は一切認められない

　個人事業では、事業主が自分に退職金を支払えないばかりか、どんなに長く勤めていたとしても、家族に支払う退職金も経費としては認められません。青色申告を行っていれば、家族に対する給料や賞与は、税務署に届け出さえしていれば経費にできますが、退職金までは認めてくれないのです。

● 取得の違いで変わる税金の額

● 個人事業主が、1,000万円を事業所得で取得した場合

所得	課税所得	所得税 ＋	住民税 ＝	合計税額
1,000万円	900万円	143万4,000円	90万5,000円	233万9,000円

※ 所得税の控除額は 100 万円・住民税の控除額は 95 万円とする（以下同）

● 会社役員が、1,000万円を役員報酬で取得した場合

所得	課税所得	所得税 ＋	住民税 ＝	合計税額
1,000万円	705万円	98万5,500円	71万円	169万5,500円

● 会社役員が、1,000万円を退職金で取得した場合（勤続15年として）

所得	課税所得	所得税 ＋	住民税 ＝	合計税額
1,000万円	200万円	10万2,500円	20万円	30万2,500円

1番お得！

! POINT

● 退職金を使った節税効果を生かすためには、会社をつくることが必要条件。

会社にするかどうかの判断基準 16		
● 長く働いてくれそうな家族が 1 人以上いる	Yes	No

法人化チェックリスト 16		
● 家族にもきちんと退職金を支払ってあげたいと思う	Yes	No

17 給料を支払って節税ができる!?
会社なら、家族に支払う家賃や手数料を必要経費にできる

❶ 個人事業主が家族に対して「給与以外」の支払いはできる？

　個人事業主が一緒に暮らしている家族に給与を支払う場合は、さまざまな制約がありました。それでも条件さえ満たせば、経費に算入することができました。では家族に、給与以外の支払いをすることはできるのでしょうか？

個 家族に対する「家賃」の支払い

　たとえば両親と同居している子どもが、自分の部屋を使ってWebコンサルの仕事をはじめたとします。家賃を両親に支払っていれば、家賃は経費になるのでしょうか。

　残念ながら、**両親と生計が1つの場合には、たとえ自宅の一部を事務所として使っていても、経費にはできません。**「生計が1つ」ということは、家族でひとつのおサイフを共有しているということなので、両親に支払ったお金が生活費なのか家賃なのかの区別がつかないからです。

　たとえ同居していたとしても、**生計が別という場合は両親に支払った家賃のうち、事業用部分を経費にできます。**生計を一にしているかどうかの判断は、たとえば台所などの水周りが別だったり、玄関が別であるなど、実態で判断されます。

個 家族への家賃が経費なら、家族には「不動産収入」が発生する

　生計が同じ家族への支払いは経費として認められませんが、それでは自

86

第1章 会社をつくるメリットとデメリット

第2章 個人事業と会社組織はどっちがお得？

事例に基づいて税金を計算してみよう

第3章 会社をつくる前に知っておくこととやっておくこと

第4章 世界一やさしい会社のつくり方

第5章

分で事務所を借りている人と比べて不公平です。そこで、たとえば**建物の減価償却費や固定資産税、マンションの管理費など、個人事業主が収入をあげるためにかかった費用は、その不動産の名義がたとえ親の名義だったとしても、子どもの経費にすることができます。**

　では、不動産のオーナーと子どもである個人事業主が生計を別にしている場合はどうでしょうか。この場合は子どもがオーナーである両親に家賃を支払って経費にできますが、受け取った側の両親に不動産収入が発生します。両親はこの収入を確定申告しなければなりません。家族間で金銭をきっちり取って不動産の貸し借りを行うのは、なかなか私たち日本人のマインドにあわないので、現実的とはいえませんね。

個 家族から借りた資金の「利息」

　生計を一にする両親から、子どもが事業用の資金を借りるケースもあります。お金の貸し借りをした場合には、家族といえども、きちんと「金銭消費貸借契約書」を交わし、元本の返済はもちろん、利息の返済をすることが重要です。「貸したっきり返さなくていいよ」という場合には、贈与とみなされる可能性があるからです。この場合も、**生計を一にする家族に支払った利息は経費になりません。**

　では父親が銀行からお金を借りて、それを子どもに貸している場合はどうでしょうか。生計が別なら、父親に支払った利息はそのまま子どもの必要経費になりますが、父親に申告義務が生じます。

　一方、生計が同じ場合には、父親が銀行に支払った利息相当額についてのみ、子どもの経費にすることができます。

個 資格を持っている家族への支払い

　個人事業主であるあなたの妻が税理士だった場合はどうでしょう。個人が、妻である税理士に確定申告料を支払ったら、その申告手数料は経費になるのでしょうか？　答えは、やはりノーです。**資格を持つ家族からサービスの提供を受け、まったくの第三者と同じ金額の報酬を支払ったとしても、その家族と生計が同じ場合は、家族への支払いを経費にすることができません。**

❷「弁護士の夫と税理士の妻」という判例

　弁護士の夫が、税理士である妻に支払った税理士報酬を経費に算入できるかどうかという有名な裁判がありました。これは最高裁まで争われ、「算入できない」という判決が下されています。たとえ夫と妻がそれぞれ別の独立した事業所で業務を行い、かつ妻の事業と家計とが区分されていても、なおかつ、消費生活において夫婦は区分されていないというのが判決の趣旨でした。

会 すべて必要経費に

　会社であれば、家賃であれほかの経費であれ、両親に支払った分は経費として認められます。家族からお金を借りた場合でも、生計が一緒かどうかに関係なく、家族に支払った利息は、当然、会社の必要経費です。

　親という生き物は、本音では返済を期待して子どもにお金を貸しているわけではありません。父親から借金返済を免除された場合、個人なら贈与税がかかりますが、会社なら借入金を資本金に振り替えたりと、さまざまな方策を取ることができます。

　資格を持つ家族への支払いについても、税理士の妻に支払う手数料は、当然その全額が経費として認められることになります。

🔔 POINT

● 生活を一緒にする家族に、家賃など給与以外の支払いをする場合には、会社をつくらないと必要経費に算入することができない。

会社にするかどうかの判断基準 17		
● 家族に家賃を支払ったり、事業用資金を借りている（借りる予定がある）	Yes	No
法人化チェックリスト 17		
● たとえ家族でも、家賃や利息などはキチンと支払っていきたい	Yes	No

● 個人事業主の子が同一生計の親に支払う費用

支払い

事務所で使用する部分の減価償却費や
固定資産税、銀行からの借入金利子など、
実際に事業遂行上かかった経費は、
必要経費に算入することができます。

家賃の支払い	⇒	経費算入できない
利息の支払い	⇒	経費算入できない
税理士報酬の支払い	⇒	経費算入できない

子の事業収入	1,000万円
子の事業経費	500万円
親に支払う家賃	100万円
事務所部分の維持費	40万円

子の事業所得
1,000万円 − 500万円 − 40万円 − 55万円 (青色控除) = 405万円

親の不動産所得
なし

● 個人事業主の子が別生計の親に支払う費用

支払い

子は親に支払う家賃を必要経費とし、
親は減価償却費や固定資産税・銀行から
の借入金利子などを不動産所得の経費に
算入することができます。

家賃の支払い	⇒	経費算入できる
利息の支払い	⇒	経費算入できる
税理士報酬の支払い	⇒	経費算入できる

子の事業収入	1,000万円
子の事業経費	500万円
親に支払う家賃	100万円
事務所部分の維持費	40万円

子の事業所得
1,000万円 − 500万円 − 100万円 − 55万円 (青色控除) = 345万円

親の不動産所得
100万円 − 40万円 − 10万円 (青色控除) = 50万円

89

18 運営面のメリット・デメリットを検証する

会社は定款に定めた目的以外の事業を行うことはできない

⚠ 法人の種類はたくさんある

　法人には営利を目的として設立される株式会社のほかにも、公益を目的とする社団法人や財団法人、特別な法律に基づいて法人とされるNPO法人など、いくつかの種類があります。

確認 法人格って何？

　「法人格」について、簡単におさらいしておきましょう。

　いくつかある「法人」のうち、「儲けること」を目的につくられる団体が「会社」です。会社は法務局に登記されてはじめて、会社としての人格「法人格」を獲得します。法人格を取得した会社は、自然人と同じようにさまざまな権利能力を持つことになります。

　会社は自然人と同じように、ビジネスを行ったり、契約を締結したり、従業員を雇ったり、不動産を購入することができます。銀行に口座を開いたり、融資を受けたりすることもできます。

会 設立には「定款」が必要

　会社を登記するときは、「定款を作成して法務局に提出」しなければなりません。**定款とはその会社の基本的なルールを定めたもの**で、「会社の憲法」とか「会社の法律」などと呼ばれるものです。

　会社は、定款の中で「会社の目的」を定めます。**目的とは、「会社が営んでいる、あるいは営もうとしている事業」**のことです。自然人である個人は、どんなビジネスでも行うことができますが、**会社は定款に記載した以外の事業を行うことはできない**のです。

90

🏢「目的」は将来を見据えて記載

　目的はいくつでも記載できます。現在は営んでいないけれども、将来的に営む可能性がある目的を記載しておくことも可能です。

　定款に書かれていない事業を新たに開始したいと思ったら、法務局に行って定款を変更する手続きが必要です。定款を変更するには、3万円の印紙代がかかります。もし、登記の手続きを司法書士に依頼すれば、その分の手数料も発生してしまうので、会社の目的は将来を見据えて記載しておきます。

🏢 行政上の認可と「兼業ができない」場合

　人材派遣業など、行政上の許認可を申請する場合はもっと面倒です。許認可を得るためには、定款に「これこれ、こういうふうに目的を記載してください」などと文言が決まっているからです。たとえば、古物商の許可を取る場合は、目的欄に「古物営業法に基づく古物商」などの記載が必要です。もし現在の定款に決められた目的の記載がなければ、変更の登記をしなければなりません。また、業種によっては兼業ができない制約もあります。たとえば風俗営業を行う会社は、有料職業紹介業はできません。その場合は、新しく別の会社を立ちあげるしかないのです。

🏠 事業を変えても「変更届」は不要

　個人事業には、会社のような制約は一切ありません。先ほどの古物商のような行政上の許認可を必要とする業種でないかぎり、税務署や法務局に届け出る必要もありません。開業して何年か経ってから別の事業をはじめても、年の中途で事業の内容を変えても、まったく自由です。

会社にするかどうかの判断基準 18		
● まったく違う事業を同時に行っている（行う予定である）	Yes	No

法人化チェックリスト 18		
● 将来やりたい事業がたくさんあって、現時点でひとつに決めることができない	Yes	No

会社にした場合の利益の分配のしかた

① 法人化するのは、株式会社が一般的

　個人事業主が法人化する場合も、サラリーマンが独立して会社をつくる場合も、日本では株式会社が一般的です。本書では「株式会社」のしくみについてお話しします。

会 株主と取締役の2つの「機関」が必要

　株式会社には、出資者である「株主」と会社を経営する「取締役」という2つの「機関」が必要です。

　取締役は、会社のオーナーである株主から会社の経営を委託されます。株主と会社の経営者が別の人間であることを、「所有と経営の分離」といい、株式会社の大きな特徴のひとつとなっています。

会 小さな会社は「株主＝取締役」がほとんど

　もちろん、株主と取締役が同じ人であってもかまいません。現実的には、みなさんがつくろうとしている小さな会社だと、1人の株主が同時に取締役でもあるというケースがほとんどです。

　しかし、株主と取締役では立場が違うので、会社からお金を受け取る方法も違ってきます。取締役は会社から役員報酬や役員賞与という形で給与を受け取ります。それでは、株主の場合はどのようにして出資に対するリターンを得るのでしょうか。

会 配当は、いくらでも自由にできるの？

　会社は、売上から人件費や仕入などもろもろの経費を支払い、自分への役員報酬を支払い、残った利益に対して税金を支払います。税金を支払ったあとに残ったお金は、銀行に返済したり、新しい事業に再投資したり、社内に留保したり、株主に配当したり、会社が自由に使います。

　株主は出資に対するリターンを、「配当金」という形でもらいます。しかし残ったお金を全部株主に分配してしまうと、翌年の投資に使うべき資金や債権者に返すための財源がなくなってしまいます。

　そこで、債権者を保護するために「会社が株主に対して配当をする場合は、分配可能額を超えてはいけない」という「財源規制」が設けられています。**債権者とは、会社にお金を貸している人や、「かけ」で商品を売ったけれど、代金がまだ未回収の人**をいいます。具体的には、会社の自己資本が300万円を下回るような配当はできません。

会 株主配当には「二重課税」の問題がある

　株主に配当を支払うときは、会社は20％の源泉所得税を引いて税務署に納付しなければなりません。たとえば、配当金が10万円だとします。会社は株主に8万円を支払い、残りの2万円は税務署に納めるのです。

　しかし、これには問題があります。どこが問題かというと、会社は利益に対する法人税を支払ったあとで、さらに株主に配当しているからです。その配当金に対しても所得税がかかるのは「**二重課税**」ではないかというわけです。そこで税金の計算をするときは、「**配当控除**」というしくみがあります。配当控除を使えば、個人は二重課税の一部を、会社は場合によっては全額を取り戻すことができるというわけです。

会社にするかどうかの判断基準 19		
● 事業主や親族以外にも株主になってもらう予定の人がいる	Yes	No

法人化チェックリスト 19		
● 事業で儲かったお金は個人的な目的に使わずに、次の事業展開に備えたいと思う	Yes	No

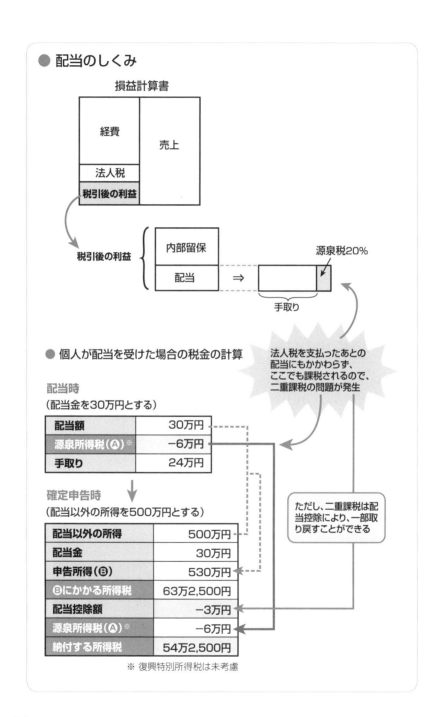

● 配当のしくみ

損益計算書

経費	売上
法人税	
税引後の利益	

税引後の利益 {
| 内部留保 |
| 配当 | ⇒ | | 源泉税20% |
手取り

法人税を支払ったあとの配当にもかかわらず、ここでも課税されるので、二重課税の問題が発生

● 個人が配当を受けた場合の税金の計算

配当時
（配当金を30万円とする）

配当額	30万円
源泉所得税（Ⓐ）※	−6万円
手取り	24万円

確定申告時
（配当以外の所得を500万円とする）

配当以外の所得	500万円
配当金	30万円
申告所得（Ⓑ）	530万円
Ⓑにかかる所得税	63万2,500円
配当控除額	−3万円
源泉所得税（Ⓐ）※	−6万円
納付する所得税	54万2,500円

※ 復興特別所得税は未考慮

ただし、二重課税は配当控除により、一部取り戻すことができる

20 運営面のメリット・デメリットを検証する

会社をつくると、社会保険に加入しなければならない

会 健康保険と厚生年金保険

　取締役1名の会社でも、会社は社会保険に加入しなければなりません。会社をつくったら、速やかに所轄の年金事務所で社会保険の加入手続きを行います。

　一般的に社会保険というと、雇用保険や労災保険まで含めて広い意味で使う場合もありますが、ここでは健康保険と介護保険、厚生年金保険についての話しです。国の運営する医療保険が「**健康保険**」です。加入者本人や家族が病気やケガで病院にかかると、国が治療費の7割を負担してくれるお馴染みの制度です。また、従業員が40歳になると、「**介護保険**」の適用がはじまります。これは将来、介護が必要になったとき、費用の9割を国が負担してくれる制度をいいます。一方、国の運営する年金保険が「**厚生年金保険**」です。退職後、老後の生活費として年金が支給される制度です。

会 会社保険料の半額負担

　健康保険と厚生年金保険の保険料は、会社と従業員が半分ずつ負担します。保険料は、従業員の給料と定期代などの合計額で決まります。**会社は従業員が負担する保険料を給料から天引きし、これに会社負担分をあわせて、毎月月末までに国に納めます。従業員が40歳になったら、介護保険料についても会社が保険料の半分を負担します。**

　たとえば、従業員に支払う給料が25万円だとしましょう。協会管掌（協会けんぽ）の社会保険に加入している場合、会社の負担額は約4万円となり、従業員からの天引き分とあわせて約8万円を国に支払います。もし加入者が3人いると、合計24万円になります。半分は給料から天引きしているとはいえ、その負担感は相当なものがあります。

95

会 社会保険の手続きは年に1度必ずやる

　いったん社会保険に加入すると、毎年7月には、「**算定手続き**」を行わなければなりません。算定手続きとは、年に1度、保険料を見直す手続きです。会社は、各従業員の4月から6月の3カ月間の給料の平均額を計算し、給料からの天引き額を年金事務所に届けます。

　そのほかにも、従業員の給料が大きく増減した場合や賞与を支給したときにも年金事務所に届け出ます。手続きが面倒だからといって社会保険労務士に依頼すると、その費用も会社の負担になります。

個 従業員が5人まで任意。5人以上で半額負担

　個人事業主は、従業員が5人未満までは社会保険への加入は任意です。「任意」とは、従業員の2分の1以上が望まなければ社会保険に加入しなくてもよいという意味です。2分の1以上の従業員が賛成しても、個人事業主であるあなたが嫌だといえば加入の必要がありません。事業所が社会保険に加入していないと従業員も加入できないので、従業員は各人で国民健康保険と国民年金に加入することになります。事業主は、国民健康保険と国民年金保険料の一部を負担する必要はありません。手続きについても加入者本人が自己の責任で行うので、事業主に負担は一切かかりません。

　ただし、個人事業でも従業員が5人以上いると社会保険は強制加入になるので、会社をつくった場合と同じになります。

　会社と同じように、従業員の給料から社会保険料と厚生年金保険料（従業員が40歳以上の場合には、介護保険料も）を天引きし、これに会社負担分を加えて、毎月月末に年金事務所に支払います。社会保険料の料率や従業員と事業主との負担割合も、会社の場合と同じです。

会社にするかどうかの判断基準 20		
● 現在、従業員が5人以上いる（5人以上にする予定がある）	Yes	No

法人化チェックリスト 20		
● 従業員を採用したら、できるかぎり福利厚生を充実してあげたい	Yes	No

21 運営面のメリット・デメリットを検証する

会社なら、事業主や家族も社会保険に加入できる

個 事業主は社会保険に加入できない

　個人事業主は、任意であれ強制であれ事業所として社会保険に加入しても、事業主本人やその家族は社会保険に加入することができません。

　そんなバカなと思われるかもしれませんが、従業員だけが社会保険に加入して、あなたとあなたの家族は国民健康保険と国民年金に加入し続けなければならないのです。社会保険に加入して、従業員が将来受け取る年金のために高い保険料を負担する一方で、事業主本人はこれに加入できないという矛盾が起きてしまうのです。

❶ 国民年金と厚生年金にある大きな差

　現在の年金制度では、まず国民年金から、自営業者や無職の人も含めてすべての国民に共通する「基礎年金」が支給されます。厚生年金に加入しているサラリーマンなどは、この基礎年金に上乗せされる形で「厚生年金」が支給されるという2階建ての構造になっています。さらに大企業などが独自に厚生年金基金に加入していれば、加えて「厚生年金基金」が支給されます。俗にいう3階建てです。国民年金の給付額は加入期間にもよりますが、せいぜい年間60万円から70万円程度です。一方、厚生年金の給付額は、将来どうなるかは不透明とはいえ、現在の受給者の例でいうと月15万円から25万円程度が支給されています。驚くべき補償額の大きさではありませんか。

❷ 厚生年金には「第3号被保険者」という特典

　厚生年金の保険料は給与に応じて増減しますが、国民年金の掛金は収入

にかかわらず、1人あたり月額約17,000円です。年収1,000万円のショップオーナーも、年収100万円の新人作家も、同じように1人17,000円を納めなければなりません。しかし**厚生年金の1番の特典は、サラリーマンの妻は年金を負担しなくてもよいという制度（第3号被保険者）**でしょう。本来年金は、若いときに保険料を支払う代わりに、将来の年金給付の受け取りが保証されるものですが、専業主婦（年収130万円未満）にかぎり、保険料を支払っていなくても支払ったものとみなしてくれるのです。

　個人事業主だとそうはいきません。たとえ妻がまったくの無収入でも、妻も国民年金を納めなければなりません。専従者給与が130万円未満でも、基礎年金である国民年金を納めていなければ将来の年金を受け取ることができないのです。

会 老後の生活資金も会社のお金で貯められる

　代表取締役であるあなたや家族も、従業員と同じように社会保険料の半分を会社が負担します。会社が負担する分は、もちろん経費になります。経費になるということは、その分だけ法人税が安くなるということです。

　また、あなたや家族が負担した本人負担分には所得税もかかりません。極論をいってしまうと、**会社をつくれば、税金を支払うことなく会社のお金で老後の生活資金を貯めることができる**というわけです。

❸ 健康保険と国民健康保険の差も歴然

　健康保険に加入すると、従業員が病気やケガで働けなくなっても、「**傷病手当金**」が支給されます。そのほか、被保険者本人が出産で勤務できないときは「**出産手当金**」が、被保険者または被扶養者が出産したら「**出産育児一時金**」が支給されるなど、手厚い保障を受けられます。さらに、育児休業期間中は保険料が免除されるなどの制度もあります。

　「出産育児一時金」は国民健康保険の加入者にも支給されますが、「**出産手当金**」**は社会保険の加入者にかぎられます。**社会保険の加入者が出産のために仕事を休むと、月々の給料の3分の2を日割りにした金額（標準報酬日額）が産休で休んだ日数分だけ支給されるのです。国民健康保険と比較すると、ずいぶん手厚い保障ですね。

● 公的年金制度のしくみ

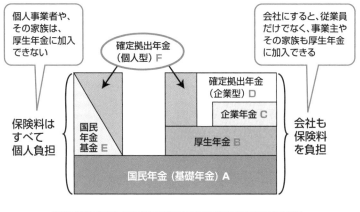

個人事業者や、その家族は、厚生年金に加入できない

確定拠出年金（個人型）F

会社にすると、従業員だけでなく、事業主やその家族も厚生年金に加入できる

保険料はすべて個人負担

確定拠出年金（企業型）D

企業年金 C

国民年金基金 E

厚生年金 B

会社も保険料を負担

国民年金（基礎年金）A

個人事業者が加入できる年金	A・E・F
給与所得者が加入できる年金	A・B・C・D・F

● 将来、支給される年金の基本的な考え方

老齢基礎年金（定額部分）　＋　老齢厚生年金（報酬比例部分）

国民年金保険加入者は、この部分のみ

厚生年金保険加入者のみが対象となる

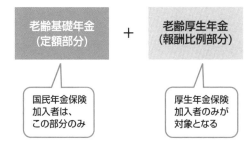

会社にするかどうかの判断基準 21

● 自分の役員報酬が最低、月20万円以上出せそうか　　**Yes　No**

法人化チェックリスト 21

● 老後のことを考えると、絶対社会保険に加入していたほうがいいと思う　　**Yes　No**

会社は会計帳簿などの作成が面倒

⚠ 会計帳簿を作成する目的

会社や個人事業において、会計帳簿を作成する主な目的としては、次の3点が挙げられます。

① 税務申告のため
② 経営判断のため、正確な現状の業績を把握する
③ 資金調達のため、銀行や株主に対して、会社の業績を報告する

個 個人事業における帳簿づけ

個人事業主は、上記①の税務申告のためだけにしかたなく帳簿を作成しているケースがほとんどでしょう。所得税の決算書は簡単につくれるので、Excelなどで領収書を集計するだけでも何とかなります。

個 複式簿記を使えば55万円が控除される

個人事業でも、青色申告を選んだら、「正規の簿記の原則」にしたがって、「きちんと」帳簿をつけなければなりません。

「正規の簿記の原則」とは、「複式簿記」を使って仕訳をすることをいいます。決算書に貸借対照表を添付するだけで55万円の青色申告控除が受けられるので、これを使わない手はありません。青色申告控除とは、売上から経費を引いた利益からさらに無条件に55万円をマイナスできるうれしい制度です。そんな面倒は嫌だという人は、青色申告控除は10万円と少なくなりますが、損益計算書のみを作成する「簡易簿記」の方法でも青色申告することができます（e-Taxによる電子申告または電子帳簿保存をすると65万円控除）。

会 会社の帳簿づけの基本ルール

　会社は、「一般に公正妥当な会計のルール」にのっとって、正確な会計帳簿（会計帳簿および貸借対照表）を作成しなくてはいけません。これは会社法という法律で決まっているルールです。ここからは言葉が少し難しいので、サラッと読んでいただければ十分です。

　「一般に公正妥当な会計のルール」は、あくまでも「法律」ではありません。そのため、会社の規模に応じていくつかのルールが存在します。たとえば、上場企業は公認会計士の会計監査を受けなければならないので、「企業会計原則」や「国際財務報告基準」に準拠して会計処理を行います。中小企業は、中小企業庁が定めた「中小企業の会計に関する基本要領」、日本税理士連合会や日本公認会計士協会などが公表している「中小企業の会計に関する指針」を参考に帳簿を作成します。また社員数名の小さな会社の場合は、もっと簡単に法人税法のみを拠り所に帳簿をつけることもできます。法人税法は法律ですから、絶対に守らなければなりません。

　要するに**会社は、個人事業のように税金の計算のためだけにExcelで売上と経費を集計しておしまい、というわけにはいかない**のです。

会 決算書は会社の診断書

　会社はそれ自体が、社会的な存在です。たとえ株主1人、取締役1人の小さな会社でも、取引先や銀行は、会社がつくった決算書をもとに取引を開始したり融資を実行したりします。決算書に基づいて、あなたの会社が格づけされたり与信が判断されたりするので、決算書は、第三者に対する評価の基準といってもいいかもしれません。

　このように、決算書は会社が事業を営んでいくうえで非常に重要な書類です。作成に時間と手間がかかるのもやむを得ませんね。

会社にするかどうかの判断基準 22		
● 会計ソフトを利用して帳簿を作成している（する予定）	Yes	No
法人化チェックリスト 22		
● 財務諸表の読み方や会計基準も勉強していきたいと思う	Yes	No

個人事業の申告書は作成が容易。法人税の申告書は作成が困難

個「所得税の申告書」は1枚

　個人事業主が確定申告を行うときは、まず所得を種類ごとに集計しなければなりません。所得の種類とは、事業で稼いだのか不動産収入があったのか、株の売買で儲けたのかなど、稼ぎ方の違いのことをいいます。**稼ぎ方の種類ごとに「計算書」を作成し、それぞれの「利益」を合算して、結局のところ1年間にいくら儲けたかを1枚の申告書に転記します。**所得の種類が多ければ、計算書の数も増えますが、税金の計算をする「申告書」は1枚だけです。

個 申告書の作成に専門知識は不要

　このように見ていくと、所得税の申告書はなんだか複雑な感じがしますが、さほど難しいものではありません。実際に、自分で確定申告書をつくって税務署に提出する個人事業主はたくさんいます。

　不動産の売却などのように、専門家に頼まないと複雑で素人の手に負えないものもありますが、一般的な確定申告書は、特別な税の専門知識がなくても、少し慣れれば誰でもつくれます。なぜなら、所得税はいくら儲かったか損したかだけを集計すれば、あとは単純に、それぞれの所得の金額を足したり引いたりするだけでよいしくみになっているからです。

個 無料相談会やパソコンでらくらく

　確定申告の時期になると、最寄りの税務署や地域の税理士会が中心となって、無料相談会も多数開催され、決算書や申告書の書き方を親切に教えてくれます。また安価な会計ソフトも出回っていますし、国税局のホー

ムページにある「確定申告書等作成コーナー」（https://www.keisan.nta.go.jp/h25/ta_top.htm）にアクセスすると、必要項目を入力するだけで簡単に申告書を作成することができます。

会「法人税の申告書」と「決算書」の違い

　法人税の場合は、話が複雑になるので、とにかく「難しい」ということがわかれば十分です。「申告書」は「法人税法」という法律に基づいて税金の計算をするために作成されるのに対し、「決算書」は「公正妥当な会計基準」にのっとって会社の経営状況を示すために作成されるものです。そのため「決算書上の利益」と「法人税法上の利益」は、まず一致しないのが普通です。そこで税務署が求める法人税額を正しく計算するためには、決算書上の利益に法人税法による調整を加えて、「法人税法上の利益」を計算しなければなりません。法人税の計算をする申告書を「別表」といい、別表の作成には専門的な知識が必要です。

会「別表4」と「別表5の1」の関係

　法人税の申告書にはたくさんの種類がありますが、主なものに「別表1」「別表4」「別表5の1」があり、法人税の計算は「別表4」と「別表5の1」で行います。「別表4」は決算書でいえば損益計算書、「別表5の1」は貸借対照表に該当します。「別表4」で法人税法上の利益を計算したあと、いよいよ「別表1」で法人税の金額を計算します。

　これらの作業は税務の素人には大変難しく、結局は税理士に依頼するのが現実的です。**会社にすると書類の作成が複雑な分、個人事業に比べてコストのアップは避けられないのです。**

会社にするかどうかの判断基準 23		
● 個人事業の税務顧問として税理士を雇っている	Yes	No

法人化チェックリスト 23		
● 専門家を雇って、より高度なサービスを受けてみたいと思う	Yes	No

24 運営面のメリット・デメリットを検証する

振込手数料やネットバンキングの手数料がアップする

会 手数料がアップしても安心

実は、会社を運営するときバカにできないのが銀行の手数料です。**会社の場合には初期費用にプラスして振込手数料とは別に月額利用料が発生するケースがほとんど**です。その代わり、会社が加入できる各種サービスは、高いセキュリティ機能がついているのでより安心ともいえます。

個 「屋号名の口座」は事業扱いになる

メガバンクの手数料一覧を見ると、個人向けには無料で設定されているサービスがたくさんあります。しかし、屋号を使って口座を開設するとなると、個人名の口座と同じように各種の無料サービスに加入することはできません。屋号名の口座は会社と同じ扱いにしている銀行が多いからです。**もちろん事業用の口座でも、口座名義に屋号をつけないで、単純に個人名だけの口座を使用することも可能**です。

> **💡 POINT**
> - 会社をつくると、個人で受けていた各種特典が受けられなくなるので、銀行手数料がアップする。

会社にするかどうかの判断基準 24		
● 毎月の振り込みは、事業主や家族以外の従業員が行っている（行う予定）	Yes	No

法人化チェックリスト 24		
● 手数料などのコストアップ以上に売上を伸ばせばいいと思う	Yes	No

104

第1章 会社をつくる メリットとデメリット

第2章 個人事業と会社組織は どっちがお得？

事例に基づいて 税金を計算してみよう

第3章

会社をつくる前に 知っておくことやっておくこと

第4章

世界一やさしい 会社のつくり方

第5章

25 運営面のメリット・デメリットを検証する

固定電話や携帯電話の料金、自動車の保険料がアップする

会 固定電話の料金がアップする

会社をつくると、電話料金も個人時代より割高になります。NTTの回線使用料（基本料）は、個人の住宅用と事務用とが別に設定されていて、事務用のほうが約1.5倍程度高く設定されているからです。

SOHOのように、自宅の電話を事業用に使っている場合でも、個人名義で契約していれば住宅用の料金が適用されます。ただし、電話帳に屋号で登録している場合には事務用として扱われます。

個 携帯電話は屋号名義では購入不可

携帯電話を法人名義で契約するためには、会社の「**登記事項証明書**」の提出が必要です。個人事業主が事業用にのみ使用したいと思っても、屋号は法務局に登記されているわけではないので、屋号名義で購入することはできません。あくまで個人としての購入になります。

そのため個人事業主が、その携帯電話は事業用でしか使っていないと証明するためには、通話記録などを保存しておく必要があります。

実際は、1台の電話を事業用にもプライベート用にも使っているという人がほとんどでしょう。そうすると、確定申告時に電話代を事業分と個人分に按分して、たとえば7割を事業用の経費として計上するなど、少々面倒な処理が必要になります。

！ 携帯電話の料金体系はどうなる？

携帯電話の場合は、会社によって料金体系が多種多様ですし、顧客獲得のために各社が競争して値下げをしている状況です。通話の時間帯や利用

するサービスによって、どの料金プランが最も得になるのか一概にはいえませんが、各社とも個人とは別に会社用のサービスメニューを用意しているので、検討が必要です。

　携帯電話を法人契約にすると、たいていのキャリアについている家族割サービスが受けられなくなって、生活費としての電話代が高くなるというデメリットがあります。しかし、**家族が会社の役員や従業員になっていれば、家族割を法人割に切り替えて、より有利なサービスプランを見つけることも可能**です。

会 自動車保険の保険料もアップする

　ほかにも、個人から法人契約に切り替えることで、確実にコストアップするもののひとつに自動車保険があります。自動車保険も、事業用だからといって屋号で加入することはできません。個人事業主はあくまで個人名で加入し、事業用の使用割合に応じて、支払った保険料を按分して必要経費に算入します。

　保険会社から見た場合、車の使用目的は、❶ 日常・レジャー、❷ 通勤・通学、❸ 業務の３つに分けられます。会社は必ず、業務目的で車を利用するので、１日の乗車時間も長くなり、事故を起こす確率が高くなります。なので、保険料率が高く設定されているというわけです。

　年齢による割引率の設定も、会社と個人では異なります。保険会社にもよりますが、会社だと上限が30歳以上に対して、個人は35歳以上でないと割引がきかなかったりなど、会社のほうが有利です。

　また**家族限定割引や夫婦限定割引、ゴールドカード割引などの各種割引制度は、個人にかぎっての適用になるので、会社にすると利用できなくなり、その分コストがアップ**します。

💡 POINT

- 法人契約をすると、自動車の保険料や電話代などは高くなる。
- 携帯電話は多様な料金プランがあるので、よく検討して割安になるように設計する。

26 運営面のメリット・デメリットを検証する

会社にすると、税務調査はどう変わる

❶ 税務調査はなぜあるの？

　個人事業主であろうと、会社組織にしようと、事業をしているかぎり逃げられないのが税務調査です。なぜ税務調査があるのかというと、所得税や法人税が申告納税方式を採用しているからです。申告納税方式とは、個人事業主や会社が自分でいくら儲かったか、結果いくらの税金になったのかを計算して、自主的に申告する制度です。そこで、**あなたが正しく税金申告をしているかを調べるのが、税務署の主な仕事**というわけです。

❷「強制調査」と「任意調査」とがある

　「強制調査」とはいわゆるマルサと呼ばれるもので、国税局査察部の調査官が裁判所の礼状を持ってある日突然やってきます。その場で、臨検・捜索・差押もあり、悪質だと判断されると検察庁に告発もされます。一方、**いわゆる「税務調査」と呼ばれるのが「任意調査」**です。調査官が現場の状況を見るという名目（現況調査）で会社を訪問し、帳簿や領収書・請求書などの証憑をチェックします。任意調査は、原則として事前に電話での連絡があり、日程の調整が行われます。**任意調査とはいえ、税務署の職員には調査権があるので、調査を拒否することはできません。状況によっては、取引先や銀行に「反面調査」が行われることもあります。**

❸ 税務調査で指摘を受けた場合

　税務調査で指摘された内容に納得できるなら、**「修正申告書」**を提出し、不足分の税金を支払うことになります。その場合、不足していると指摘された「本税」だけでなく、ペナルティの税金も発生します。ペナルティに

は罰則的な意味あいの「**過少申告加算税**」と、納付が遅くなったことに対する利息相当としての「**延滞税**」があります。

修正の内容が悪質だとみなされると、10%の「**過少申告加算税**」ではなく、35%の「**重加算税**」が課税されます。

❹「個人課税」と「法人課税」に分かれる

税務署の調査部門は、大きく個人課税と法人課税に分かれています。

たとえば渋谷税務署の場合、個人課税は1部門から7部門、法人課税は1部門から19部門に分かれていて、それぞれが業種や地域を分担して調査にあたります。税務調査といっても、すべての個人事業や会社が調査を受けるわけではありません。税務職員の数にはかぎりがあるので、当然、売上高など事業規模の大きいところが対象となります。

❺ 税務調査が来る確率

売上が1,000万円にも満たないような小規模の事業主に調査が入ることはめったにありません。

では売上が5,000万円なら？　会社なら、その程度の規模の会社はたくさんあるので、決算内容に怪しいことがなければ調査の確率は低いでしょう。しかし5,000万円の売上規模の個人事業主となると、調査の確率はぐんとアップします。

一概にはいえませんが、会社の場合で業績が右肩上がりだと、3年から5年に1回程度の割合で税務調査があります。とはいえ毎年、**赤字が続くような会社に調査が入る可能性はグンと低くなります。**赤字の会社が修正申告しても、赤字の金額が減るだけで、追加の税金が発生しないからです。

会社にするかどうかの判断基準 25		
●売上の規模が、1,000万円を超えている（超える予定）	Yes	No
法人化チェックリスト 25		
●税務調査を受けるのはいやだが、ある程度はしかたがないと思う	Yes	No

27 会社をつくって個人資産を守ろう

つくる会社の種類によって、「無限責任」と「有限責任」がある

会 会社法における分類は全部で4種類

ひと口に会社といっても、出資者と経営者の関係性によって、次の2つのタイプに分かれます。ひとつは、**出資者と経営者が別人でもOKの「株式会社」**、もうひとつは**出資しないと経営ができない「持分会社」**です。

持分会社はさらに、出資者の責任が有限責任か無限責任かによって、**「合名会社」**と**「合資会社」**および**「合同会社」**の3種類に区分されます。ちなみに、**持分会社では出資者のことを「社員」といいます**。

会 「合名会社」の無限責任社員は厳しい

合名会社では、出資者の全員が「無限責任」を負います。合名会社の出資者のことを**「無限責任社員」**といい、**万が一会社が破産などをしたら、債権者に対して個人の全財産を投げ打ってでも会社の借金を支払わなければなりません**。判例によると、無限責任社員の弁済責任は会社の債務が消滅しないかぎり時効も成立しないという、大変厳しいものです。

これほど厳しい責任を負うわけですから、合名会社をつくったら会社の運営を他人に任せておくわけにはいきません。そこで、合名会社の出資者は全員が会社の業務を執行する代表者になります。合名会社は、会社とはいえ非常に個人事業に近い形といえます。

会 「合資会社」には無限責任社員と有限責任社員がある

合資会社は、合名会社に比べると所有と経営の分離が進んでいて、**事業**

を遂行する「無限責任社員」と資本を提供する「有限責任社員」とが混在します。

　無限責任社員は、合名会社と同様の責任を負います。有限責任社員は、会社が資本金以上の損失を出した場合でも、自分の出資した金額以上の責任を負担する必要はありません。自分が出資した金額の回収はあきらめなければなりませんが、会社の債権者に対して、自己の財産を投げ打ってまで支払いをする必要はないのです。

　合名会社や合資会社の場合、金銭の出資だけでなく、労務による出資も認められています。たとえば、お金はないけれどアイデアや企画力のある人と、資金を提供してくれるスポンサーが一緒に会社をつくるといったことが想定されます。

　合資会社の場合、中心となって会社を興した人が無限責任社員になり、会社の業務を執行します。スポンサーとして資金を提供する人は有限責任社員なので、会社が立ちいかなくなっても出資金以上の責任を負う必要はありません。よくできた制度ですが、無限責任社員の責任は合名会社の無限責任と同じように厳しいものなので、合名会社をつくるのは覚悟が必要です。

会 「合同会社」は全員が有限責任社員

　そこで登場したのが合同会社です。合同会社の出資者の責任は緩和され、社員全員が「有限責任社員」になります。これなら、万が一事業に失敗しても、社員は自分が出資した金額の範囲内で責任を取ればいいので、安心して出資することができますね。

　合同会社も出資者全員が会社を代表して業務を行うのが原則ですが、社員が複数いる場合は、株式会社のように定款で代表者を定めることもできます。代表者になったからといっても、ほかの社員と同じように有限責任であることに変わりはありません。

　ただし、合同会社の社員は合名会社や合資会社と違って、労務出資は認められていません。株式会社と同じように、必ず金銭で払い込みをしなければなりません。合同会社は、株式会社にかぎりなく近く、会社の設立費用も安くすむので、最近では合同会社をつくる人も増えています。

会 株式会社の株主は有限責任

　日本では「会社 ＝ 株式会社」というくらいに、全会社の大多数を株式会社が占めています。株式会社は中世のヨーロッパではじまりました。**株式会社とは、利益をあげることを目的に、たくさんの人（株主）から「資本（資金）」を集めるしくみのこと**をいいます。株主から経営を委託された人のことを**「取締役」**といい、取締役は集めた資本（資金）を増やして、会社の価値を上げるのが仕事です。

　株式会社は資本と経営が完全に分離しているので、**株主は「有限責任」のみを負います。**

会 これからつくる「小さな会社」の場合

　株式会社では、経営者が自ら出資を行うことも可能です。株主が1人・取締役が1人でもかまいません。最低いくら以上の資本金が必要という縛りもないので、1人の人が株主であり、同時に取締役でもあるという小さな会社は珍しくはありません。いや、**個人事業主が会社をつくろうとするときには、経営者イコール出資者である「1人会社」が圧倒的な数を占めています。**

　1人会社の場合でも、株主は「出資額の範囲内でのみ責任を負う」だけです。会社がうまくいかなくなれば、出資したお金は返ってこないかもしれませんが、会社の負債を取締役が個人で返済する義務はありません。株主が代表取締役を兼ねていても、株主としての有限責任のみを負えばよいのです。この点については、上場会社であろうと1人会社であろうと何ら変わることはありません。

個 無限責任？　有限責任？

　銀行から融資を受けている場合の「会社と個人事業」を比較してみます。

　中小企業の場合、代表取締役が会社の融資の連帯保証人になっているというケースがよくあります。その場合は、連帯保証人としての弁済義務が発生するのはいうまでもありません。

　しかし、最近では保証人制度の抱える問題点がクローズアップされるよ

うになり、日本政策金融公庫などの「**無担保無保証融資制度**」も充実しています。これらの制度融資を上手に利用すれば、代表取締役個人としての弁済義務は発生しません。創業時の制度融資については、拙著「創業融資と補助金を引き出す本」（ソーテック社）をご覧ください。

　一方、個人事業主は、そもそも事業用資産と個人資産の区別がありません。事業で失敗した場合には、それまでに蓄えた個人の全財産を取り崩してでも借金や未払金の支払いにあてなければならないのは前述したとおりです。

　個人事業主は無限責任か有限責任かということになると、「究極の無限責任」ということになります。

● 合同会社とほかの持分会社の比較

種　類	合同会社	合資会社	合名会社
❶ 社員	全員有限責任	一部無限責任	全員無限責任
❷ 社員の登記	業務執行社員と代表社員のみ登記	社員全員の氏名を登記	社員全員の氏名を登記
❸ 出資	金銭または金銭以外の財産のみ	金銭・現物以外の労務出資も可	金銭・現物以外の労務出資も可
❹ 責任の範囲	出資を限度とし、直接の弁済責任なし	有限社員は出資が限度だが無限社員は直接の責任あり	社員に直接の無限責任あり
❺ 利益の分配	300万円の財源規制あり	規制なし	規制なし

株式会社に近い

会社にするかどうかの判断基準 26		
● 会社にはいろいろな形態があるが、どうせなら信用力の高い株式会社がいいと思う	Yes	No

法人化チェックリスト 26		
● たとえ事業で失敗しても、個人の資産は守りたいと思う	Yes	No

28 会社をつくって個人資産を守ろう

個人事業と会社では、資産の名義が異なる

❶ 個人事業だと、名義はあくまでも「個人」

個人事業と会社組織の最大の違いは、なんといっても名義の問題です。個人事業だと、不動産や自動車などを事業用として使っている場合でも、屋号で登記したり、登録することはできません。事業で使用している財産もプライベートで使っている財産も、法律的にはあなた個人に所属する資産として扱われます。会社であれば、事業用の資産はもちろん、事業に使っていない資産も会社名義になります。

❷ 屋号でつくった銀行口座は誰に帰属？

銀行で口座を開く場合はどうでしょうか。

会社は、「株式会社　○○○社」という会社の名前で、口座を開くことができます。個人事業でも、屋号で通帳をつくることはもちろん可能ですが、「○○○社　夏目太一」というように、必ず屋号のあとに個人名を入れなければなりません。

では、次の3種類の銀行口座の所有権が、誰に帰属するのか考えてみましょう。

❶ 個人名義「夏目太一」
❷ 屋号名義「ソーテックス社　夏目太一」
❸ 会社名義「株式会社ソーテックス　代表取締役　夏目太一」

❸の会社名義の通帳には代表者の氏名は記載されていますが、株式会社は法律上の人格を持っているので、所有権は会社に帰属します。

一方、❷の屋号名義の通帳はどうでしょうか。屋号には法律的な裏づけがないので、屋号名で財産を所有することができません。したがって、た

とえ屋号名義の通帳をつくったとしても、法律上は❶と同じように夏目太一という個人に帰属します。

❸ ペイオフの問題

　万が一銀行が破綻したときに、ペイオフで払い戻しが保証されている預金の金額は、1,000万円までです。破綻した金融機関は預金保険機構に預金者のデータを提供します。預金保険機構は、複数口座を持つ預金者の残高を集約する「**名寄せ**」をします。1人で何人分もの預金を引き出すことで、1,000万円をオーバーすることを防ぐのが目的です。

　ひとつの銀行の預金額が1,000万円を超える場合には、法人格を取得して会社名義の口座を開いておけば、元本保証の金額が実質的に倍になります。個人事業主は、屋号名義の口座も名寄せの対象になるので、銀行が破たんしたとき、大事な事業用の資産を失うかもしれないのです。

❹ 事業を拡大したいとき

　個人事業主は、事業用の定期預金でも、いつでも自由に解約することができます。反面、どこまでが運転資金なのか個人の蓄えなのか、事業主本人の認識もあいまいになりがちです。少しずつ蓄えた定期預金が、子どもの教育資金なのか、次の事業用の投資資金なのか、きちんと管理することは非常に難しいことです。

　会社だと、代表者個人の預金と会社の預金はまったく別の管理をしなければなりません。分けて管理するのは一見大変ですが、個人名義の預金は個人の貯蓄用に取っておくことができますし、会社名義の預金は心おきなく投資に回すことができます。会社の預金のほうが、勇気を持って新規事業に踏み出すことができるというわけです。

会社にするかどうかの判断基準 27		
● 2つ以上の銀行と取引している（したいと思っている）	Yes	No
法人化チェックリスト 27		
● 余剰資金はハイリスクの投資に回すより、銀行に預けておいたほうがよいと思う	Yes	No

会社をつくる
メリットとデメリット

第1章

個人事業と会社組織は
どっちがお得?

第2章

事例に基づいて
税金を計算してみよう

第3章

会社をつくる前に
知っておくことやっておくこと

第4章

世界一やさしい
会社のつくり方

第5章

● 銀行預金口座の名義を比較する

● 個人の場合

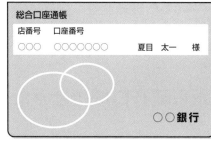

● 屋号の場合

ペイオフで
名寄せされ
てしまう

● 会社の場合

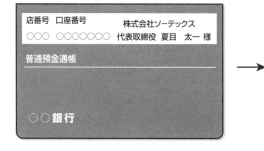

ペイオフで
名寄せされ
ない

💡 POINT

- 個人事業の場合は、事業用資金の名義も個人と名寄せされるので、ペイオフで保護される確率が低くなる。また、貯蓄目的の線引きがあいまいになりがちなので、思いきって新規事業に投資することができない。

115

会社をつくって個人資産を守ろう

個人事業における
事業承継の落とし穴

❶ 代表者が死んだら銀行口座はどうなる？

　個人事業主の場合、屋号名義の事業用口座でも、法律上、個人口座と同じに扱われます。**万が一、個人事業主が死亡したら、金融機関はすぐにその口座を凍結してしまい、明日の支払いのための事業用資金を引き出すことができなくなります。**

　会社は代表取締役が死亡しても、会社名義の口座が凍結されることはないので、事業の継続に支障が生じる心配は不要です。

❷ 「融資を受けている場合」はどうなる？

　銀行から事業用資金の融資を受けている場合を考えてみましょう。

　個人事業だと、たとえ事業用の借入でも個人の債務には変わりはないので、事業の後継者ではない相続人にも返済の義務が生じることになります。ほかの非事業用の財産を使って借金の返済にあてたり、十分な現金が遺されていない場合は、最悪、事業用の不動産などを売却したりして返済しなければなりません。

　会社なら、もし代表者の死亡に伴って事業を廃止するような事態になっても、会社の債務を相続人である子どもたちが返済する義務はありません。故人がプライベートで遺した大事な財産を守ることができるのです。

ⓘ 「相続人が複数いる場合」は問題山積

　個人事業の場合、事業主が死亡したら事業用の預金はもちろん、事業用不動産、備品などの事業用資産、すべてが相続の対象となります。

　複数の子どものうち、1人が後継者となって事業を継続するとなると、

話が複雑になります。事業用の財産以外に十分な預金などがあれば何の問題もありませんが、財産のほとんどが事業用となると大変です。遺産分割の合意を得るために、ほかの相続人に対して後継者自身の財産を渡さなければならないというケースも珍しくありません（これを「**代償相続**」といいます）。

会「株式の形で相続」なら事業承継も安心

　会社をつくると、不動産や預金などの事業用資産は、「会社の株式」という形で子どもたちに相続させることができます。この場合、後継者である子どもが最低でも会社の発行済み株式の半分以上を保有していれば、会社経営に支障をきたすこともありません。

　なぜ半分以上かというと、会社を運営していくうえで役員の選任などの「**普通決議**」は、株主の過半数の賛成で決められるからです。また会社の商号変更など重要なことは「**特別決議**」といって、株主の3分の2以上の賛成で決めることができます。後継者を決めたら、**最低でも過半数の株式、可能なら3分の2の株式を相続する**ようにしておけば安心です。

個離婚の場合も、その先が不安

　同じようなことが、離婚をする場合にもあてはまります。個人事業主が離婚をする場合、事業用資産も含めたところで財産分与の額が計算されることになります。生活の糧である事業用資産まで財産分与の対象になるなんて……なかなか割り切れるものではありません。

　会社にしておけば、会社の財産は当然会社に帰属するので財産分与の対象にはなりません。純粋に個人資産の分だけを対象にして、離婚の交渉に臨むことになります。

会社にするかどうかの判断基準 28		
● 資産のうち、大部分が事業用の資産である	**Yes**	**No**
法人化チェックリスト 28		
● 将来、事業は子どもに引き継いでもらいたいと思っている	**Yes**	**No**

事業が失敗しても、再出発を図りやすいのは会社？ 個人事業？

会 倒産したときの「任意整理」

ひと口に倒産といっても、法的にはさまざまな形態があります。倒産は大きく「**法的整理**」と「**私的整理（任意整理）**」とに分けられます。

任意整理とは、裁判所の関与なしに債務者と債権者が任意に協議して、財産関係の処理を決めることです。最終的に事業を「**清算**」するのか「**再生**」するのかも、当事者同士の話しあいで決定します。

会 倒産したときの「法的整理」

これに対し、法的整理は読んで字のごとく裁判所の監督下で行われます。法的整理には、さらに「**清算型手続**」と「**再建型手続**」があります。

清算型手続では、倒産状態となった会社の財産を現金に換えて、可能なかぎり債権者に借金を返済します。

一方、再建型手続では債務の一部を免除したり、返済をいったん猶予したりすることで資金繰りを安定させ、現在のリソースを生かしつつ収益をあげて再生を図ります。会社は減免された債務を、時間をかけて返済していきます。「**民事再生法**」や「**会社更生法**」がこれにあたります。

個 考え方は会社と同じ

個人事業主にも、会社と同じように、法的整理と任意整理の2通りの方法があります。法的整理の場合、裁判所の破産手続を経て「**自己破産**」をする方法と、裁判所を通じて借金の元金を減らし、残額を分割で返済する「**個人民事再生手続**」とがあります。

いずれの場合も、信用情報機関にいわゆるブラックリストとして登録さ

れ、5年から10年間は新たなローンが組めなくなります。

個 自己破産する前に注意が必要

個人事業主が事業に行き詰まったら、まずはプライベートの定期預金を取り崩してでも取引先や税金の支払いをしなければなりません。

自己破産の場合には、個人名義の預金はもちろん、自宅など個人の財産はすべて失ってしまいます。個人民事再生や任意整理手続を受ける場合、個人の蓄えや財産を残したまま借金だけを減額してくれるほど債権者は甘くはありません。これは、個人の財産が事業用と個人用という区別をつけることができないからです。

会 倒産しても個人の財産は守れる

しかし会社であれば、万が一事業に失敗しても、会社の債権者が代表取締役の財産を差し押さえることはできません。**会社は会社の財産の範囲内で支払いをすればよく、個人の財産を取り崩して支払う義務はない**からです。もちろん会社の代表取締役が借金の保証人になっていれば代表者個人が借金の返済を要求されますし、代表者の自宅を担保として提供している場合には自宅を差し押さえられてしまいます。しかし最近では、借入の際に個人保証を取ることが社会問題化され、無担保無保証での借入も増えてきました。

また会社の場合は返済できないほどの借金を抱えたとしても、「**第二会社方式**」など、事業を守るいくつかの方法があります。

会社組織は、最悪の事態に備えるためのリスクヘッジの機能を果たしてくれるのです。

会社にするかどうかの判断基準 29		
● 運転資金や設備資金の借入が 1,000 万円以上ある（必要になりそう）	Yes	No

法人化チェックリスト 29		
● 事業に失敗はつきものだと思う。失敗しても、何度でもやり直しはきくと思う	Yes	No

会社にすると社会的信用がアップする（名称編）

❶「権利能力」って何？

　この本を読んでいる読者のみなさんは、生まれながらにしてさまざまな「権利」を持っています。事務所を借りたり、不動産を購入したり、株式会社の取締役になったり、お金を借りたり、結婚したり、何でもできます。自然人が主体となって行う権利義務の範囲には、原則として制限がありません。

　会社も法務局に登記することで人格を獲得し、さまざまな契約の当事者になれます。しかし定款に記載した目的以外の行為を行ってはならないなどの制限があり、また自然人のように、結婚したり、会社の取締役になったりはできません。

❷「登記事項証明書」による裏づけが信憑性を高める

　一般的に、個人事業よりも会社のほうが社会的信用が高いといえます。なぜなら、会社は本店の所在地や設立日、事業の目的、資本金の額、役員の情報など、**所轄の法務局から「登記事項証明書（登記簿謄本）」を取り寄せれば、簡単に重要事項を確認できる**からです。

　しかし、個人事業の場合にはそうはいきません。個人事業は、店舗や事務所の所在地を登記する必要がないので、いつでも自由に引っ越しができます。また事業所の名前を変更するのも自由です。**取引先から見たら、相手と連絡がつかなくなったとき、現在の居場所がトレースできない**ことを意味します。信用力という点からすると、個人事業主とは安心して取引できない理由のひとつです。

❸ 契約の名義が法人であるということ

　会社は法人格を持っているので、銀行口座を開設したり、車を買ったり、携帯電話の契約をするといった経済行為の主体となれます。その場合の契約の名義人は、もちろん「会社」ということになります。会社名で契約をするためには、登記事項証明書を銀行や携帯電話会社に提出して、正式に登記された会社であることを証明しなければなりません。

　逆にいうと、個人事業主が「株式会社」「合同会社」などの名前を使って口座を開いたり、契約をしたりすることは絶対にできません。取引先に請求書を発行するときも、個人事業主は個人名義の振込口座しか記載できないのです。

❹ 名刺の肩書きが変わる

　個人事業主の時代は「デザイナー　夏目太一」と記載していた肩書が、会社にすると「代表取締役　夏目太一」に変わります。カード会社に申し込みをするときも、職業欄は「デザイナー」ではなく「会社役員」になります。肩書きが変わるだけで、社会的な信用力がアップすることはいうまでもありません。

💡 **POINT**

● 会社にすると、「株式会社」の名称が使えたり、肩書きが会社役員になるので、個人事業に比べて社会的な信用が高くなる。

会社にするかどうかの判断基準 30		
● 異業種交流会などで、新規取引先の開拓をすることがある	Yes	No

法人化チェックリスト 30		
● ライターやデザイナーといった、個人の能力によるところが大きい仕事をしているわけではない	Yes	No

● 登記事項証明書サンプル

登記事項証明書を見ると、下記のように会社のさまざまなことがわかります。

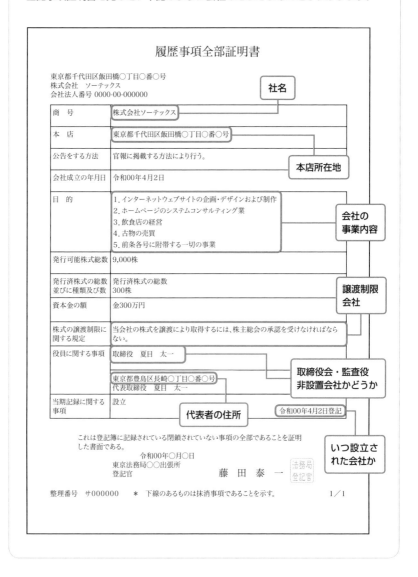

履歴事項全部証明書

東京都千代田区飯田橋○丁目○番○号
株式会社　ソーテックス
会社法人番号 0000-00-000000

商　　号	株式会社ソーテックス
本　　店	東京都千代田区飯田橋○丁目○番○号
公告をする方法	官報に掲載する方法により行う。
会社成立の年月日	令和100年4月2日
目　　的	1. インターネットウェブサイトの企画・デザインおよび制作 2. ホームページのシステムコンサルティング業 3. 飲食店の経営 4. 古物の売買 5. 前条各号に附帯する一切の事業
発行可能株式総数	9,000株
発行済株式の総数 並びに種類及び数	発行済株式の総数 300株
資本金の額	金300万円
株式の譲渡制限に 関する規定	当会社の株式を譲渡により取得するには、株主総会の承認を受けなければならない。
役員に関する事項	取締役　夏目　太一
	東京都豊島区長崎○丁目○番○号 代表取締役　夏目　太一
当期記録に関する 事項	設立　　　　　　　　　　　　　　　令和100年4月2日登記

　これは登記簿に記録されている閉鎖されていない事項の全部であることを証明した書面である。
　　　　　　　　令和100年○月○日
　　　東京法務局○○出張所
　　　登記官　　　　　　　　　藤　田　泰　一　　法務局登記官

整理番号　サ000000　　＊　下線のあるものは抹消事項であることを示す。　　　　1／1

社名

本店所在地

会社の事業内容

譲渡制限会社

取締役会・監査役非設置会社かどうか

代表者の住所

いつ設立された会社か

会社をつくる
メリットとデメリット

第1章

個人事業と会社組織は
どっちがお得？

第2章

事例に基づいて
税金を計算してみよう

第3章

会社をつくる前に
知っておくこととやっておくこと

第4章

世界一やさしい
会社のつくり方

第5章

32 会社にすると、ダンゼン社会的信用がつく

社会的信用がアップすると、業績も拡大する（営業編）

❶ 与信管理って何？

　与信管理とは取引先の会社を評価して、取引を開始しても問題ないか、または売掛金の回収に危険な兆候がないかなど、取引先ごとに管理することです。

　与信管理は、中小企業でも大事です。商品を納めたり、サービスを提供したあとで売掛金の回収ができないと、その損害は回収できなかった金額にとどまりません。売上の入金がなくても、仕入先や外注先は支払いを待ってはくれないからです。

❷ 上場企業はきちんと「与信管理」をしている

　与信管理は、会社の規模が大きくなればなるほど重要になってきます。取引先の件数は増えますし、1件あたりの売掛金の残高が大きくなれば、貸し倒れの危険度も増すからです。特に上場企業となると、監査法人による厳しい監査もあり、内部統制の観点から非常に厳格な運用が行われます。

　そこで上場企業などの大手企業は、**取引を開始する前に相手の信用情報を調査し、評価を行います。これを与信といいます。**与信の方法としては次のような項目が考えられます。

❶ 同業他社や、地域の人から情報を集める
❷ 取引先のホームページなどインターネットで検索する
❸ 商業登記事項証明書を取り寄せる
❹ 不動産登記事項証明書を取り寄せる
❺ 調査会社に評価を依頼する

㊋ 上場企業との取引が難しい

　個人事業はそもそも登記事項証明書がないので、会社に比べてグッと低い評価になるのは避けられません。例外はありますが、上場企業がいきなり個人事業主と取引することはあり得ないといってもよいでしょう。

　個人事業主と取引をして、その事業者が行方不明になってしまったり、売掛金が回収できないような事態が発生すると、与信管理の担当者が責任を取らなければなりません。

　上場企業と取引するためには、まず取引実績のある中規模な会社の下請けとなって実績を積んでいくのが一般的です。すると間に入る会社の取り分だけ、あなたの会社の利益が減ってしまいます。

　いずれにしても上場企業のような大手企業と取引するためには、会社組織にすることが最低条件なのです。

❸ 事務所や店舗を借りる場合

　事務所や店舗を借りる場合も、家主によっては厳格な信用調査が行われます。家主が大手企業だと、上記と同じ理由で、個人事業主は借りたくても借りられないという事態が発生することもあります。

　いざ店舗や事務所などを借りる段になって、「建物賃貸借契約書」を交わすとなると、連帯保証人を要求されることもあります。**会社であれば契約の当事者が会社ですから、代表取締役個人が保証人になることができます。個人事業だと、第三者に保証人を依頼しなければなりません。**

　資力のある身内がいれば身内に頼むこともできますが、そうでない場合、他人に保証人を頼むのはかなり難しいといわざるを得ませんね。

会社にするかどうかの判断基準 31		
● 近い将来、上場企業などの大企業との取引が 10%以上見込めるか（10%以上見込めそうか）	Yes	No

法人化チェックリスト 31		
●将来的には、上場企業と直接取引をするまでになりたいと考えている	Yes	No

33 会社にすると、ダンゼン社会的信用がつく

社会的信用がアップすると、業績も拡大する（インターネット編）

⚠️ 独自ドメインの必要性

　会社や個人事業主がインターネット上にホームページを開設したり、メールアドレスを取得する場合、独自のドメインを取得するのが一般的です。

　ドメインとは、インターネット上の住所のようなものですが、会社と個人では使用できるドメインも違ってきます。

会 「.co.jp」は日本国内で登記している証

　ドメインには、有名な.comや.netのほかに「.co.jp」という種類があります。実はこの.co.jpは、日本国内で登記をしている株式会社や合同会社など、会社にしか使用が認められていません。**.co.jpのドメインを使えるかどうかは、ネット上でビジネスを行う場合に、信用を獲得するための重要なツールのひとつ**となっています。

個 オンライン・ショッピングモールの厳しい「出店基準」

　会社や個人事業がホームページ上で商品を販売したり、「楽天市場」や「ヤフーショッピング」といったオンライン・ショッピングモールに出展して商売するケースは、今後もますます増えてくるでしょう。

　多くのモールが「個人事業主」としての出店を認めていますが、「個人」の出店は認めていません。審査基準もますます厳しくなっていて、審査書類を提出したからといって、各モールの出店基準に照らしあわせてみると必ずしも出店できるとはかぎりません。一部のレベルの低いショップが粗

悪品を販売したりすると、そのショッピングモール全体の評判にかかわってくるからです。

　ネット上では口コミの評判はあっという間に広がります。「信用」が与えるインパクトは、リアルの店舗よりもネット・ショップのほうが大きいといえます。個人事業よりも会社のほうが信用力が高いのは、ネットの世界も同じです。

㉟ クレジット会社の「加盟店審査」も 厳しくなっている

　またインターネット・ショッピングを利用するお客さまは、クリックひとつでカード決済まで終わらせたいという人がほとんどでしょう。インターネットの最大のメリットは「利便性」ですから、カード利用ができないと消費者の購買行動がそこで止まってしまうおそれがあります。しかし**クレジット会社の加盟店審査も、会社に比べて個人事業に対して厳しいのはいうまでもありません。**

💡 **POINT**

- インターネットショッピングモールに出店するときや、クレジット会社に加盟する場合、会社に比べ、個人事業主に対する審査は厳しい。

会社にするかどうかの判断基準 32		
● インターネットを利用した営業活動が 50％以上を占めている（占める予定）	Yes	No
法人化チェックリスト 32		
● インターネットショッピングモールに出店を考えている	Yes	No

34 会社にすると、ダンゼン社会的信用がつく

会社にすると、銀行からの融資が受けやすくなる（資金調達編）

❶「開業資金」を準備しておかなくては起業はできない

　小さくはじめて大きく育てるのが、起業の基本。開業資金を準備する方法は、次の4つです。

- ❶ 自分で貯める
- ❷ 第三者から出資してもらう
- ❸ 金融機関から借りる
- ❹ 補助金や助成金をもらう

❷ 最初に融資を受けたくなるのが「開業資金」

　日本では、ベンチャーを支援してくれる投資家を見つけるのは簡単ではありません。かといって、事業をスタートしてすぐに十分な売上があがるほど起業は甘くありません。収入がなくても、家賃・人件費などの固定費の請求は容赦なくやってきます。小売店や飲食店などを営む場合は、店を構えるための費用や最初の品揃えのためのまとまった仕入代金も必要です。またホームページをつくったりチラシをまいたりという、広告宣伝費もかかります。仕入れもオフィスもいらないITベンチャー企業だとしても、ビジネスを大きくするためにはサーバーの維持費などが必要になります。そこで、これらの経費をまかなう、利益が出るまでの間の「**開業資金**」を準備しておかなければなりません。

　自分で貯めたり親からもらったりして、返済する必要がない資金のことを「**自己資金**」といいます。本来なら必要な自己資金を用意してから、満

を持して起業すべきでしょう。しかし時代の流れは早く、自己資金が用意できるのを待っていたらチャンスははるか彼方にすぎ去ってしまいます。自己資金では足りない場合は、金融公庫や銀行などの金融機関から借りるのが1番です。無担保・無保証人でも借りられる創業時の融資制度が充実しているからです。また、最近では創業時の補助金も充実しています。しかし、補助金は倍率が高く、誰でも受けられるわけではありません。

❸「設備資金」「運転資金」は 借りるタイミングが大切

　飲食店など、業種によってはスタート時に設備投資のためのお金が必要です。事務所や店舗を借りるための保証金、内装費用、機械設備や車、またはフランチャイザーに支払う加盟金などを**「設備資金」**といいます。

　設備資金を借りるには、見積書や請求書を金融機関に提出するのですが、注意しなければならないのがタイミングの問題です。**請求書が届いたからといってあわてて融資の前に支払ってしまうと、支払い済みの分は融資の対象にはならない**からです。融資が実行されるまでには2〜3週間ほどかかるので、計画的な準備を心がけることが大切です。

　また人材派遣やシステム開発など人件費率の高い業種の場合は、売上のお金が入金されるより先に従業員の給料日が来てしまいます。売上金が入金されるまでの期間を**「入金サイト」**といいますが、売上が増えれば増えるほど、入金サイトが長ければ長いほど資金は不足します。「儲かっているのに手元にお金がない」という事態に陥ってしまうのです。

　賞与や税金も、1度に大きなお金が必要です。起業して3年も経てば、これら恒常的に発生する支払いの資金は回りはじめますが、起業当初はそうはいきません。一時的に銀行からお金を借りて、1年から3年で返済するといった資金計画も必要になるでしょう。

　いずれにしろ、**開業してから資金が回るようになるまではそれなりの時間がかかるので、その間の資金を確保しなくてはいけない**ということです。

　起業して1年から2年の間は、創業融資制度を利用すれば融資のハードルはそれほど高くはありません。しかし3年すぎ5年すぎると、次第に「業績」が重視されるようになってきます。

会 銀行には評価の基準がある

　銀行に融資を申し込むと、まず決算書の提出を求められます。決算書の3期分を比較してその会社の「信用リスク」がどのくらいあるかを検討するのが目的です。銀行は貸出先の会社の財務状況に応じて、その会社に対する「貸倒引当金」の掛け率を変えなければならないからです。

　貸倒引当金とは、貸したお金が将来どのくらい回収できないかを予測し、貸付金に「一定の割合」を掛けて予測額を見積もることです。この「一定の割合」は、あなたの会社の債務者区分（次ページ参照）で異なります。たとえば「正常先」だったら、貸付金残高に対して0.2％、「破綻先」であれば100％の割合を掛けて貸倒引当金を計算するのです。

　貸倒引当金は費用なので、貸倒引当金が増えると銀行自身が赤字になって業績が悪化します。 よく会社の財務状況が悪くなると、銀行が手の平を返したように冷たくなったという話を聞きますね。銀行自身も金融庁の指導を受けて適正な貸倒引当金を計算しなければならないので、背に腹は代えられないという事情もあるのです。

　融資の際には、決算書の分析に基づく定量性分析や数字以外の定性性分析も行われますが、**会社の場合、業績が安定していて「正常先」に区分されているかぎり、資金調達は難しくない**ということになります。

個 信用枠の考え方が違う

　しかし、個人事業主が銀行から融資を受けるのは簡単ではありません。会社に貸すときのように融資の基準が明確ではないので、保守的な銀行としては安心して貸出ができないのです。

　さらに、個人事業特有の問題点もあります。銀行は、個人事業を営んでいる原さんと、プライベートな原さんの信用力を区別して考えてはくれません。個人の信用枠を目いっぱい使って住宅ローンを組んでしまうと、事業用の資金を追加で借りられないという事態に陥ってしまいます。

　また銀行は、貸したお金を何に使ったのかということにとても敏感です。個人事業主は、事業用のお財布とプライベートのお財布が一緒という人がほとんどでしょう。うっかり、事業用資金として借りたお金を生活費として使ったりすると大変です。**「資金使途に違反」した**ということがわかれ

ば新しい融資に応じてくれないばかりか、最悪の場合、貸したお金の一括返済を求められることさえあるからです。

● 銀行から見た貸倒引当金の掛け率（例）

区　分	内　　容	貸倒引当率（例）
正常先	業績が良好で、財務内容にも特段の懸念がない場合 （赤字であっても、創業赤字などの一過性のもので返済能力に問題がないと認められる場合も含む）	0.2%
要注意先	業績が低調であったり不安定で、今後の管理に注意を要する場合。すぐに債務不履行になるというわけではないが、将来、不渡りや延滞の発生が懸念される場合	8%
要管理先	債権の全部または一部を3カ月以上延滞していたり、貸出条件の緩和（リスケジュール）を行っている場合 （企業内容はかなり悪化しており、経営が行き詰まる可能性が高い）	15%
破綻懸念先	経営破たんの状態ではなくても、経営難の状況にあり、経営改善計画などの進捗状況が芳しくなく、今後経営破たんに陥る可能性が大きいと認められる場合	75%
実質破綻先	法的・形式的な経営破たんの事実は発生していないものの、深刻な経営難の状況にあり、再建の見通しがないと認められるなど、実質的に経営破たんに陥っている場合	100%
破綻先	会社更生法や民事再生手続き開始など、法的整理・銀行取引停止処分の事由により、経営破たんに陥っている場合	100%

💡 POINT

● 銀行などの金融機関から融資を受ける場合には、社会的信用力のある会社のほうが絶対有利。

会社にするかどうかの判断基準 33

● 自己資金より、開業時に必要な資金のほうが大きい（大きくなりそう）　　　　　　　　　Yes　No

法人化チェックリスト 33

● 早く信用をつけて銀行から融資を受けたいと思っている　　　Yes　No

35 会社にすると、ダンゼン社会的信用がつく

会社にすると第三者からも出資を集めることができる

会 銀行からの借入が「間接金融」

　会社が事業用の資金を調達する方法としては、銀行などの金融機関から借りるのが最も一般的です。これを「間接金融」といいます。

　しかし金融機関から借りた資金は、金銭消費貸借契約書どおりに返していかなければなりません。通常、3回以上連続して返済が滞ったら、「期限の利益」を失い、借金の残りをいっぺんに返済しなければならないという契約になっています。さらに信用調査機関のいわゆる「ブラックリスト」に名前が載るので、新たな借入が難しくなります。

会 利益でまかなう「無借金経営」が理想

　一方、銀行からの融資を一切受けないで、会社が自分で儲けた利益を内部に留保（これを「利益剰余金」といいます）し、自力で貯めた資金を使って支払いをしていくという方法もあります。

　いわゆる無借金経営といわれるもので、最も健全な財務状態です。しかし日本では信用取引といって、売上金があとから入金されるのが一般的です。そのため、入金までの「つなぎの資金」として銀行から融資を受けている会社がほとんどです。銀行は「借入金」の項目がない決算書は、「銀行からお金を借りることのできない理由ありの会社」という見方をする傾向があるぐらいです。経営者にとっては不本意な話ですね。

会 資本金を直接増やすのが「直接金融」

　銀行からの融資だけが、ファイナンスの方法ではありません。ほかにも資本金を直接増やす「増資」という方法があります。資本金は会社を設立

するときの元手ですが、会社はいつでも増資によって資金を増やすことができます。みなさんがつくろうとしている小さな会社は、上場企業のように証券会社を通じて広く一般投資家から出資を募るというわけにはいきません。しかし代表者本人はもちろん、従業員や取引先などあなたの会社を応援したい人から出資を受けることで、増資することが可能です。これを間接金融に対して、「**直接金融**」といいます。

このときの増資方法としては、現金で出資する方法（金銭出資）と車や債権などの現物で出資する方法（現物出資）があります。たとえば、300万円の増資をするケースを考えてみましょう。

「**金銭出資**」の場合は、文字どおり出資者が300万円を会社に振り込みます。「**現物出資**」の場合は、現金を振り込む代わりに、たとえば300万円の価値がある個人所有の車や土地など、「現物」を会社に提供します。車の所有者は個人から会社に移りますが、代わりにその人は200万円分の株式を手に入れて、株主になるわけです。また代表者などが会社に300万円を貸していた場合には、この300万円という「貸付金」を現物で出資することもできます。会社は300万円の借金を返す必要がなくなり、代わりに300万円に相当する株式を代表者に発行します。借入金ではないので、会社は利息を支払う必要もなくなります。

金銭出資であれ、現物出資であれ、直接金融により獲得した金銭や車などは会社の所有になるので、あとで出資者に返す必要はありません。また出資をしてもらうことによって、会社に税金がかかる心配もありません。そのため、会社は安心して出資金の全額を新規事業の投資に回すことができるというわけです。

会 それでは、なぜ株主は出資を行うのでしょうか

一般的に株主の権利には大きく、次の3つがあります。

❶ 大事なことを決める議決権
❷ 配当を受ける権利
❸ 会社が清算されたとき、残った財産の分配を受ける権利

　　経営にタッチしない少数株主は、出資のリターンは配当金でもらいます。
融資と違って元本が返済されないので、配当金の利回りは借入金よりも高
く想定するのが普通です。また、より強固な関係を築くために、取引先の
会社に出資をする場合もあります。

　出資した会社が株式上場を目指している場合は、当初の出資額より何十
倍もの金額で売却できるので、「キャピタルゲイン」を期待することも考
えられます。

　そのほか、親が子どもの会社に出資しておけば相続税対策になるので、
節税にもなります。

個 出資ではなく「貸付金」となる

　個人事業の場合には、そもそも出資という概念が存在しません。第三者
や親が個人事業主に援助したお金は、「**貸付金**」か「**贈与**」のどちらかに
なります。貸付金にするなら、「借りたお金」になるのでいずれ返済しな
ければなりません。そうすると利息の問題も発生します。

　返さなくてもいいよということなら、それは個人事業主への「贈与」と
みなされ、多額の贈与税を納めなければなりません。贈与税の最高税率は
50％ですから、受け取った資金を全額事業に回すことができなくなってし
まいます。

　ただし、これには特例があります。親が子どもに贈与をした場合、本来
なら贈与税がかかりますが、65歳以上の両親が20歳以上の子どもに贈与
するなど、一定の条件を満たせば2,500万円までは税金がかかりません。
これを「**相続時精算課税**」といい、将来、相続が発生するまでは課税を待っ
てあげましょうという制度です。親世代の現金を、早く子ども世代に渡す
ための制度なので、これを利用して親から資金援助を受けるというのも一
案です。

会社にするかどうかの判断基準 34		
● 両親から（返す必要のない）資金援助が見込めるか？	Yes	No

法人化チェックリスト 34		
● 将来的には、可能なら株式上場までめざしたい	Yes	No

133

36 会社にすると、ダンゼン社会的信用がつく

会社にすると、優秀な人材を集めることができる

❶ 従業員を雇い入れることの重み

　ビジネスが大きくなってくると、技術者を増員したり営業マンを雇ったり、総務や経理などの事務スタッフも必要になります。

　いったん従業員を雇うと、原則として事業主はその従業員が気に入らないとか、能力が足りないとか、期待はずれだったとか、そういう理由で解雇することはできません。つまり従業員を1人雇うということは、その従業員が辞めるまで、その従業員の人生に対する責任が発生するということです。**会社が赤字でもずっと給料を支払い続けなければならないという、目に見えない多額の負債を背負うことになる**のです。

❷ 求人をする際に必要な情報

　事業主が求人をする方法としては、次のような方法があります。

❶ 求人誌やハローワークなどの媒体に会社情報を載せる
❷ インターネットのサイト上で求職者をスカウトする
❸ 紹介派遣を利用する
❹ 紹介会社に紹介してもらう

　いずれの場合も、事業内容や従業員数、求人の内容、就業時間、給料の額、賞与の支給基準や昇給の状況、また社会保険や雇用保険の加入状況や退職金の有無などを細かく記入して提出することになります。

会 求職者から見た会社の選び方

　最近では、かつてのような終身雇用制は崩壊していますが、やはり優秀

な人材ほどより大手の企業に就職したがる傾向にあります。大企業に入ればより大きなビジネスを経験できる、有名企業に入れば友人や家族など周りからも評価される、安定した収入が期待できる、福利厚生が整っているなどの理由が考えられます。

大企業と中小企業の生涯賃金の格差は、月々の給与そのものよりも、賞与や退職金の金額によって生じてくるといわれています。また、福利厚生面の格差もはずせません。**みなさんがこれからつくる小さな会社の場合、経営の３大資源である「ヒト」「モノ」「カネ」のいずれも、大企業に遠くおよばない**のが実態です。

個 求職者から見た不安

中小企業は、大企業のようにパフォーマンスの悪い人材を寝かしておく余裕はありません。余裕がないからこそ少数精鋭に徹して、少しでも優秀な人材を確保しなければならないのです。そのためには個人事業ではなく、せめて会社組織にしておく必要があります。

個人事業はそもそも社会保険に加入しているケースも少なく、インターネットなどの求人情報でほかの会社と比べたとき、それだけで見劣りするのは避けられません。そもそも、社会保険に加入していないと、ハローワークで求人募集をすることさえできないのです。

個人事業の場合、就業規則が整備されていないことも多く、遅くまで残業が続いたり、正規の残業代も支給されないのでは？　という不安を抱かせてしまいます。さらにいえば、退職金制度や福利厚生制度も整っているとはいいがたく、独身の場合ならまだしも家族を養っている場合には、個人事業に就職するのは二の足を踏んでしまうというのが実情ではないでしょうか。そして、**会社と比べて何よりも不安なのが、個人事業主に万が一のことがあった場合、事業が継続できないのではないかという点**です。

会社にするかどうかの判断基準 35		
● 就業規則や労務管理に関する知識を持っている	**Yes**	**No**
法人化チェックリスト 35		
● できるだけ優秀な従業員を増やして、どんどん事業を拡大していきたいと思っている	**Yes**	**No**

135

会社にすると、助成金や補助金がもらいやすくなる

会 「助成金」で給料を補てんする方法

　個人事業主はもちろん、会社組織にしても、小規模な会社が優秀な人材を集めるのは本当に大変です。高い広告費を支払って募集したのに、応募者は1人だけなんてことも珍しくありません。優秀な人材を選ぶどころか、求職者から選んでももらうだけでひと苦労というのが現実です。

　福利厚生の手厚さなど、大企業にはどうあがいてもかないません。中小企業としては、せめて月々の給料ぐらいは大企業並みにして、よりよい人材を確保したいところです。

　そんなお金があったら苦労しないよという人のために、助成金制度があります。助成金とは、国や地方公共団体がある一定の要件を満たした事業主に支給するものです。助成金は融資と違って、将来返済する必要がありません。また要件さえ満たせば誰でももらうことができるので、これを活用しない手はありません。助成金にはたくさんの種類がありますが、**比較的要件を満たしやすく人気のある助成金としては、「地域雇用開発助成金」がお勧め**です。

会 個 地域雇用開発助成金

　いわゆる過疎地など、「雇用機会が特に不足している地域」に事業所を設置または整備し、ハローワークなどの紹介を通じて労働者を雇った事業主に、最大3年間（3回）の助成金を支給しようというものです。起業の場合は、奨励金の支給額に上乗せがあるのも魅力です。

　「雇用機会が特に不足している地域」とは、求職者の数に比べて求人の数が少ない地域（同意雇用開発促進地域）や若者や働き盛り世代の流出が著しい地域（過疎等雇用改善地域）などをいいます。あなたの会社の所在

地がこれらの地域に該当するかどうかは、厚生労働省のサイトで確認することができます。

事業所の設置条件

❶ 事業所の設置・整備を行う前に、管轄の都道府県労働局長に、計画書を提出すること

❷ 雇用保険の適用事業所であること

❸ ハローワークなどの紹介により地域求職者を3人（創業の場合は2人）以上雇い入れること

❹ 事業所の被保険者数が3人（創業の場合は2人）以上増加していること

❺ 労働者の職場定着を図っていること

❻ 労働者を解雇など事業主の都合で離職させていないこと

❼ 労働関係法令をはじめ法令を遵守していること

❽ 計画書の提出から18カ月以内に、事業所の設置・整備および雇い入れを完了していること

　ところで、最近は中小企業でも受けやすい「補助金」の制度も充実しています。**補助金とは、国や地方公共団体がある一定の政策的な意図を持って給付する返済不要の資金**のことをいいます。補助金の最大のメリットは、なんといっても返済の必要がないということです。

　しかし、補助金の募集期間はたいてい3週間程度と短く、そのうえ**要件に合致していても、助成金と違って必ず給付を受けられるわけではないのが難点**です。補助金には予算があるので、応募した会社の数が多ければその中から選別が行われるからです。そのため**補助金には「審査」という過程があり、審査に合格してはじめて給付を受けることができます。**その倍率は補助金の種類にもよりますが、5〜10倍というのは珍しくありません。

　補助金の原資は大事な国の税金なので、事業の実現可能性が高い相手が選ばれるのが当然です。個人よりも決算書の信ぴょう性の高い会社のほうが有利なのは、いうまでもありません。

　補助金の多くは、「**認定支援機関**」と一緒に事業計画を作成することが条件となっています。これは、経済産業省が、税理士や公認会計士、中小企業診断士、金融機関など、専門性の高い会社や個人を「支援機関」とし

て認定し、中小企業の身近な相談窓口として活用しようという制度です。地域の認定支援機関は、経済産業省のサイトで確認できます。

　「認定支援機関」を利用した補助金の募集は、あちこちの役所で活発に行われています。たとえば、独立行政法人中小企業基盤整備機構（中小機構）では、「**創業補助金**」の公募を定期的に行っています。これは、地域における創業の促進を目的として、独創的な商品やサービスを提供しようとする人を支援するものです。東京都を例にとると、専門家に払う費用や、広告費、販路開拓に必要な経費などに、最高400万円の補助が行われます。

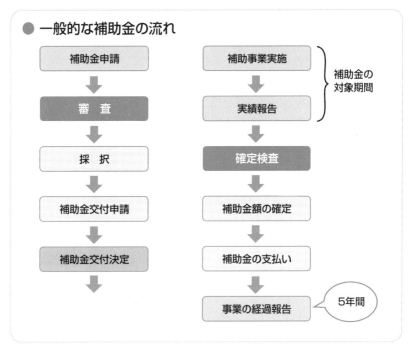

● 一般的な補助金の流れ

補助金申請 → 審査 → 採択 → 補助金交付申請 → 補助金交付決定 →

補助事業実施 → 実績報告 → 確定検査 → 補助金額の確定 → 補助金の支払い → 事業の経過報告

補助金の対象期間（補助事業実施・実績報告）

5年間（事業の経過報告）

会社にするかどうかの判断基準 36		
● 創業時に、1人以上正社員を雇い入れる予定である	Yes	No

法人化チェックリスト 36		
● 助成金や補助金は魅力的だから、どんなに手続きが面倒でも可能なものは申請したいと思っている	Yes	No

38　会社をつくって事業の継続性を図る

会社だったら、事業の譲渡がスムーズにできる

⚠ 親族以外に事業活動を引き継ぐケース

　起業して3年後に残っている会社は、半分ともいわれています。売上が伸びない、資金繰りに行き詰まった、事業環境が変わった、病気をした、年をとったので後継者に譲ったなど、ビジネスを途中でやめたり、継続を断念したりする理由はさまざまです。悪い理由ばかりではなく、事業を大きくして別の会社に売却するといったケースも増えています。

　経済産業省の白書によると、中小企業の場合、経営者の親族以外の者が次の代表者となる割合は約4割もあるそうです。つまり、相続以外の理由で事業を譲るケースがかなりの数にのぼるということです。

会 だからこそ信用度が大切

　創業者から事業を譲り受けた場合、後継者にとって最も大事な問題は、今までの売上を維持できるかという点でしょう。特に中小企業は、創業者1人の能力と信用で取引を継続してきたケースが多いので、創業者がいなくなった途端、得意先が離れていくという事態が想定されます。そこで、会社という信用がものをいうのです。

　会社の場合、代表者が代わっても、創業者が築いてきた会社の格付けや信用力はそのまま引き継ぐことができます。「代表者が代わっても、会社が持っている組織としての力は維持していきます」と伝えることで、得意先は安心して取引を継続できるのです。

個 銀行口座の名義も変わってしまう

　個人事業の場合は屋号を引き継いだとしても、よほどの老舗でないかぎ

り屋号自体に信用力があるわけではないので、あらためて後継者の人となりが取引先の与信調査の対象となります。

得意先が大企業の場合には、先代が取引を開始したときに信用調査が行われているはずです。個人事業だとまったく新規の扱いとして与信調査が行われ、結果として口座を開くことができずに泣く泣く取引を中止せざるを得ないという事態も起きてしまうのです。ここで意外とネックになるのが、対外的に取引名義が表面に出る銀行口座です。**個人事業主は銀行の名義も後継者名義に変更しなければなりませんが、会社だと口座の変更をする必要がありません。請求書に記載する銀行口座が変わるというだけで、信用面で大きな違いが生じるのも現実です。**

許認可事業は再申請が必要になる

業種によっては、国や地方自治体の許認可を受けなければ営業ができないケースもあります。

人材派遣業や建設業、産業廃棄物処理業、電気通信事業、宅地建物取引業、化粧品製造販売業、旅行業など、許認可の必要な事業はかなりの数にのぼります。まだまだ日本は、規制緩和されているとはいいがたい状況ですね。しかもこれらの手続きは複雑で、しかも認可が下りるまでにかなりの日数を要します。

会社だと、たとえ代表者が変わっても、認可の要件を満たしているかぎりは代表者の変更手続きをするだけで事足ります。

しかし個人事業はそうはいきません。時間がかかる煩雑な手続きを最初からやり直さなければなりません。後継者が資格要件を満たしていないケースも考えられます。そうなると、事業そのものの継続に支障をきたすことも十分に懸念されます。

会社にするかどうかの判断基準 37		
● 国や地方公共団体から認可を受けて行っている事業が1つ以上あるか	Yes	No

法人化チェックリスト 37		
● 将来的には事業を売却して、キャピタルゲインを取得するのもいいと思う	Yes	No

39 会社をつくって事業の継続性を図る

会社なら、共同事業も簡単にできる

ⓘ 共同で事業をはじめる場合

　独立・起業というと、やはり1人ではじめるケースが多いようです。なんといっても、一国一城の主です。しかし、なかには仲間と一緒に共同で事業を興すケースもあります。たとえば技術力のあるエンジニアと営業力のある営業マンが一緒に独立したり、料理人とマネージャーが2人でレストランを開業するような場合です。どちらか1人が中心になって起業するというより、お互いの得意分野を生かして、50：50のパワーバランスで運営していくというイメージです。

　こういう場合、個人事業だといろいろな不都合が生じてきます。

個 まず「賃貸契約」が問題になる

　個人事業だと、店舗を借りるとき、2人が連名で借りるのは大家さんが嫌がります。どちらが契約の当事者かはっきりしないと、責任の所在がはっきりしないからです。その場合、**どちらか一方が契約の当事者になり、もう1人が連帯保証人になるというのが一般的なスタイル**です。

　厨房設備を注文したり、リース契約を結んだりするのもどちらか一方の名前で行わなければなりません。電気やガスの契約も同じです。

個「連名での申告」は認められない

　最も重要かつやっかいなことは、収入の取り分です。たしかにお店の売上は、料理人とマネージャーの2人で稼いだものですが、それを2つに色分けして区分することはできません。つまり、税金の申告はどちらか一方の名前でしなくてはいけないということです。気持ちのうえでは、2人で

一緒にお店を維持しているからといっても、連名で税務申告をすることは認められていません。

● 共同で事業を行うには……

個人の場合

支配人

料理長

給料を支払う

雇用される

どちらか1人しか「事業主」になれません

支配人に雇われる従業員という立場になります

・銀行口座の開設
・店舗(事務所)の契約
・クレジット会社との契約
・売上の帰属
・仕入れの支払い義務
・リース契約
・税金の申告
・税金の納付
・銀行借入金の契約　etc

すべての経済活動を支配人1人の名前と責任で行わなければならない

会「株主の権利」を活用すればうまくいく

　会社なら、これらの問題はすべて解決します。まず2人で半分ずつ出資をして、会社をつくります。**お互いが50%のシェアを持てば、取り分も半分ずつです。取り分を6:4にしたければ、出資金も6:4にすればよ**いのです。

　次に、2人ともが取締役になります。**2人ともが代表権を持つことも可能**です。肩書きは代表取締役社長と代表取締役副社長など、何でもかまいません。2人が同じように会社を代表して、会社を運営していくことができるのです。すべての重要な事項について、2人が合意してはじめて前に進めるというわけです。

● 共同で事業を行うには……

| 会社の場合 |

支配人 　　**会社** 　　**料理長**

資本金を出資する →　　← 資本金を出資する

給料をもらう　　　　　　給料をもらう

・銀行口座の開設
・店舗（事務所）の契約
・クレジット会社との契約
・売上の帰属
・仕入れの支払い義務
・リース契約
・税金の申告
・税金の納付
・銀行借入金の契約　etc

すべての経済活動を会社の名前と責任で2人で決めて行うことができる

会 ケンカしても、ビジネスライクに処理

　店舗を借りたり、銀行から融資を受けたりなど、もろもろの契約についても、契約の当事者はあくまで会社です。どちらか一方が多大な責任を負うという心配もありません。保証人が必要な場合は2人が連名で保証人になれば、万が一の場合もリスク負担も等分に負うことができます。

　万が一、2人が仲たがいをして、どちらかが会社を去ることになっても、会社ならお互い気まずい思いが少なくてすみます。**事業を継続する人が、相手の株式を買い取ればビジネスライクに処理できる**からです。

会社にするかどうかの判断基準 38
● 2人以上で共同事業を行っている（行っていく予定である）　**Yes　No**

法人化チェックリスト 38
● 共同事業を行う場合には、なるべくビジネスライクに考えるべきだと思う　**Yes　No**

40 会社にすると、やっぱり手続きが面倒

開業するときの手続きと
費用を知ろう

会 絶対に決めなくてはいけないこと

　株式会社をつくるとなると、どんな手続きが必要になるのでしょうか。
簡単に流れを見ていきましょう（詳細は第5章参照）。
　まずどんな会社をつくりたいのかを決めて、「定款」を作成します。最
低限決めなければならないことは、次の5つです。

- ❶ 会社の名前
- ❷ 会社の住所（本店所在地）
- ❸ 資本金に関すること
- ❹ 会社の目的
- ❺ 会社の役員

　会社として資本金をいくらにするかだけでなく、誰が出資するのかも決
めます。もちろん株主はあなた1人でかまいません。
　「目的」とは、あなたがこれから行おうとしている事業内容のことです。
会社は「定款」に記載した目的以外の営業活動はできないので、「目的」
を決めることはとても大切です。これらの重要事項が書かれていない定款
は無効になります。

会 定款に載せておいたほうがいいこと

　次に会社の役員を決めます。取締役は1名でも会社つくれますし、監査
役も不要です。ただし取締役会をつくりたいなら、最低3名の取締役と監
査役1名が必要です。また、取締役1名、監査役1名の会社にするなど、
役員の人数や構成は自由に決めてかまいません。
　取締役には任期があり、2年（監査役は4年）から10年の間で自由に決
められます。そこで、定款で取締役の任期も決めておきます。

さらに、会社の決算期も決めます。「**決算期**」は定款に書く必要はありませんが、載せておかないとあとで「株主総会議事録」などをつくらなければならないので、ここで記載しておきます。

会 会社の創立記念日

定款ができたら、次に公証役場で「**定款の認証**」をしてもらいます。定款の認証には約9万円(電子認証なら約5万円)かかります。

定款の認証が終わったら「**資本金の払い込み**」です。資本金は、自分で自分の預金口座に振り込めばOKです。払い込んだお金はすぐに引き出して、事業資金として使うこともできます。

通帳のコピーなど、登記申請に必要な書類をまとめたら、いよいよ法務局の窓口で「**設立の登記**」をします。**法務局に登記を申請した日が「設立の日」**です。登記には登録免許税15万円が必要です。

会 登録申請すれば、資本金は自由に

法務局に登記申請をして、登記事項証明書や印鑑証明書ができあがるまで、3日〜1週間程度かかります。登記が終わったら、これらの書類をもらって「会社名義の銀行口座」をつくりましょう。これらの手続きを司法書士に依頼すると、一般的には5万円から10万円程度の費用がかかります。

会 税務署へ「開業の届出書類」を提出する

登記が終わったら、所轄の税務署や都道府県事務所、市区町村役場に開業の届出をします。**届け出る書類は「法人設立届出書」だけでなく、「青色申告の承認申請書」「給与支払事務所等の開設届出書」などたくさんあります。**その後、労働基準監督署やハローワーク、年金事務所に加入の手続きをします(275頁参照)。

個 「開業届」だけ提出する

個人事業の場合は、登記の必要はないので法務局での手続きは一切不要

です。**事業をはじめるときは、最寄りの税務署へ「個人事業の開廃業等届出書」を提出するだけ**です。

　もちろん会社と同じように、青色申告を選択するなら「青色申告の届出書」の提出、従業員を雇うなら「給与支払事務所の開設届」や労働基準監督署への届出などが必要になります。

● 株式会社の設立手続きの詳しい流れ

会社の目的・商号など
定款の内容を決める
▼
発起人会を開く
▼
発起人・取締役・監査役の
印鑑証明書を取得する
▼
会社の代表印を作成する
▼
定款そのほかの必要書類を作成する
▼
上記書類に各人が実印を
押印する
▼
公証役場にて定款認証手続き
をする
▼

資本金を用意する
▼
発起人の通帳に
資本金を払い込む
▼
発起人決議
▼
法務局に登記申請する
▼
登記完了
▼
登記事項証明書・
印鑑証明書を取得する
▼
税務署・地方公共団体へ
事業開始届出
▼
銀行口座の開設

会社にするかどうかの判断基準 39		
● 事業をはじめるための自己資金が最低 50 万円以上あるか	Yes	No

法人化チェックリスト 39		
● 会社設立のための費用は、当然のコストだと考えている	Yes	No

41 会社にすると、やっぱり手続きが面倒

廃業するときの手続きと費用を知る

⚠ 会社や個人事業を続けていけなくなったとき

事業を長く続けていくということは、とても大変です。時代の流れは速く、儲かるはずだったビジネスモデルもあっという間に劣化していきます。そんなときは、そのビジネスに見切りをつけて新しく出直すというのも選択肢のひとつです。その会社で新事業をはじめてもいいですし、思いきって会社をクローズするという方法もあります。会社を閉じる場合には、どのような手続きが必要なのか見ていきましょう。

会 解散の手順

会社は自分の意思で、いつでも解散することができます。会社を解散するには、まず「**清算人**」を選び、設立のときと同じように法務局で「**解散の登記**」をします。

解散をすると、会社は「**清算中の会社**」になり、その後営業活動を行うことができなくなります。通常は取締役がそのまま清算人になって財産を処分したり、残っている負債を支払ったりなどの清算事務を行います。

解散の登記が終わったら、「**解散届出**」を所轄の税務署に提出します。通常の決算期には関係なく、解散した日から2カ月以内に「**解散確定申告書**」を税務署に提出しなければなりません。

会 解散したら、今度は清算をします

解散したら、清算人は「**株主**」に対して解散した旨を通知します。また「**債権者**」に対しては、「残っている借金を弁済しますから、どうぞ申し出て

147

ください」という通知を行わなければなりません。この通知は官報などで行います。

　残っている債務を支払い終わって、さらに会社に財産が残っていれば、それらの残余財産は株主に分配されます。現実的には、解散する会社に財産が残っているということはまれですが……。それはともかくとして、残余財産の分配が終了すると清算事務も完了です。

　清算事務が完了すると、清算人は報告書を作成して株主総会の承認をもらい、「**清算結了の登記**」を行います。**株主総会で決議した日が「清算結了の日」**になります。その後、清算人は所轄の税務署に「**清算結了届**」を提出し、残余財産が確定した日から、1カ月以内に「**最後事業年度確定申告書**」を提出します。これで、会社の解散・清算の流れは終了です。

会 解散・清算は専門家に依頼する

　解散・清算の手続きは、司法書士や税理士などの専門家に依頼しないと、なかなか個人で行うのは難しいものです。費用も、公告や登録免許税などの実費を含めると、**少なくても30万円程度はかかりますし、期間も5カ月程度は見ておく必要があります。**

個 どうなる？

　どうですか？　会社はつくるよりも閉めるほうが大変ですね。

　個人事業だったら、もちろん解散の登記など必要ありません。**所轄の税務署に「個人事業の開業・廃業等届出書」「所得税の青色申告の取りやめの届出書」「給与支払事務所等の廃止届出書」「消費税の事業廃止届出書」などを提出するだけ**です（278頁参照）。

会社にするかどうかの判断基準 40		
● 今の事業はどんなに苦しくても、3年以上は続けていきたいと思う	Yes	No
法人化チェックリスト 40		
● 事業をやめる場合でも、関係者の人たちに迷惑をかけないようにしたいと思う	Yes	No

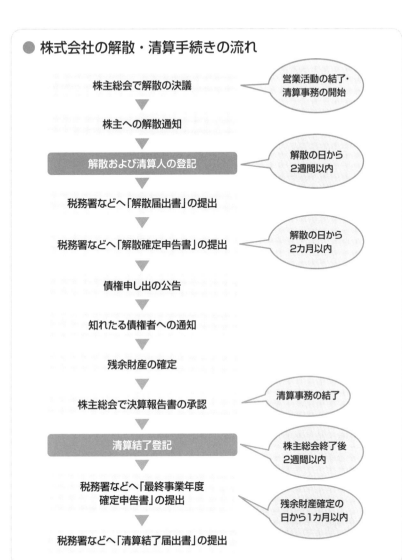

● 株式会社の解散・清算手続きの流れ

株主総会で解散の決議 ← 営業活動の結了・清算事務の開始

▼

株主への解散通知

▼

解散および清算人の登記 ← 解散の日から2週間以内

▼

税務署などへ「解散届出書」の提出

▼

税務署などへ「解散確定申告書」の提出 ← 解散の日から2カ月以内

▼

債権申し出の公告

▼

知れたる債権者への通知

▼

残余財産の確定

▼

株主総会で決算報告書の承認 ← 清算事務の結了

▼

清算結了登記 ← 株主総会終了後2週間以内

▼

税務署などへ「最終事業年度確定申告書」の提出 ← 残余財産確定の日から1カ月以内

▼

税務署などへ「清算結了届出書」の提出

？ POINT

- 会社を清算するには、個人事業と比べて手間もお金もかかる大変な手続き作業が必要。しかし、だからこそ会社は個人事業と比べて、社会的信用が高いといえる。

会社の意思決定をする役員には任期がある

⚠ 個人事業は「個人」が、会社は「機関」が決断する

ビジネスをするということは、「日々、決断の連続」です。

たとえば、「新しく店舗を借りるか」「面接に来た応募者を雇うか」、はたまた「どの商品を仕入れるか」「いくらの単価で売るべきか」「借入するか、自己資金でまかなうか」など、数えはじめたらキリがありません。

個人事業なら、すべてのことを個人の裁量で自由に決めることができます。店舗の移転をするのも、借入をするのも、従業員を雇うのも、事業者の決断ひとつです。

では会社の場合はどうでしょうか。会社は、会社法という法律によってつくられた法律上の人格にすぎないので、会社自体が何かを判断するのは不可能です。つまり、実際に会社を運営するのは「人」です。そこで、株主総会や取締役、取締役会などの「**機関**」が重要になってきます。それぞれの**機関の構成員である株主や取締役が、経営上の重要な意思決定をするのが、株式会社のしくみ**というわけです。

会 1人会社も、大規模な会社も同じ

株式会社には、最低でも「株主総会」と「取締役」という2つの機関が必要です。では、株主総会と取締役の役割分担はどのようになっているのでしょうか。出資者である株主がその会社のオーナーです。株主は直接会社の経営はしません。所有と経営の分離が株式会社の最大の特徴です。そこで、株主は会社の経営を取締役に委託します。委託された取締役が会社を運営していくのです。

株主は経営にはタッチしませんが、「株主総会」を開いて、資本金を増

やしたり、名前を変えたり、住所を移転するなど、会社の運命を左右するような重要な意思決定を行います。

株主1人、取締役1人で会社はつくれます。 また、1人の人が株主と取締役の両方を兼ねることも可能です。さらに資本金1円でも会社がつくれるので、いわゆる「**1人会社**」はたくさんあります。結果、すべての意思決定を1人の人間が行うので、個人事業とほとんど変わりがありません。

しかし、役員報酬を変更したり役員と会社が利益相反取引をしたりするような場合には、その都度、「**株主総会議事録**」や「**取締役議事録**」などを作成しなければなりません。1人会社だろうと取締役が10名いる会社だろうと、税務署や年金事務所などのお役所にとっては同じ「株式会社」だからです。

会「取締役の任期」は最長でも10年

もっと面倒なのは、役員には任期があるということです。取締役1人・株主1人の1人会社だったら、任期が終わったからといってほかの人が役員になることはまずないでしょう。しかしその場合でも、任期が満了したら、また同じ人が取締役になりますよという旨の登記手続きをしなければなりません。これを役員の「**重任登記**」(236頁参照)といいます。

登記に必要な登録免許税が1万円、もし司法書士に手続きを依頼するのなら数万円の手数料がかかります。取締役の任期は最長でも10年なので、10年に1回は登記のお金が必要です。この重任登記はしっかり覚えておいてください。**うっかり重任登記を忘れると、なんと3万円から10万円もの過料が科せられる**からです。

任期の途中で取締役が辞めたり、新しい取締役を追加したりする場合はもちろん、取締役の住所や名前が変更になった場合も登記をし直さなければなりません。その都度、1万円の登録免許税がかかります。自宅兼会社を引っ越したら、本店の移転登記も必要なので、あわせて4万円も！　準備しなくてはなりません。

会親族以外の取締役は任期に注意

仲間と一緒に起業して、2人ともが取締役になるというケースもありま

す。またはメンターとして応援してくれる人や、取引先の社長に役員になってもらう会社もあるでしょう。取締役が３名以上いれば、取締役会を設置することもできます。取締役会があったほうが、対外的な信用力は高いに決まっています。

　取締役の任期は２年から最長で10年ですが、**親族以外の人間が取締役になる場合に、長い任期を設定するのは好ましくありません。** 10年の間にはいろいろなことがあります。ビジネス環境は大きく変わってしまうでしょう。お互いに意見があわなくなったり、仲たがいしたりすることも想定して、**１番短い２年に設定する**ことをお勧めします。任期満了の都度、重任の登記が必要なので、その都度、登録免許税１万円がかかりますが、リスク管理を考えたら最善の策です。

会「役員」って何？

　ところで「役員」とは何でしょうか。役員と取締役とは、どこが違うのでしょうか。**役員とは、取締役や監査役のほか、社外取締役、社外監査役、会計参与などを総称していいます。**代表権のある取締役が「代表取締役」ということになります。

　ではよく使われる「社長」や「会長」「副社長」「専務」「常務」という呼び方との違いは、どこにあるのでしょうか？　これらの呼び方は、法律で決められた正式なものではなく通称なので、会社が自由に決めることができます。最近では、「執行役員」「CEO」「CFO」「CRO」「DIRECTOR」などという肩書きを使う場合も増えてきましたね。

会「監査役の任期」も最長10年

　監査役を置くか置かないかは、会社が自由に決められます。ただし、取締役会を設置したら監査役もマストです。**監査役の仕事は、取締役が法律や定款を守って、正しく経営しているかをチェックすること**です。

　監査役の任期は、４年から最長で10年です。親族以外の人が監査役になっている場合は、取締役と同じ理由で、最短の４年にしておくのが無難です。

　監査役が変わった場合にも、**「変更登記」**が必要です。この場合の登録免許税も、取締役と同じで１万円です。

　最近では大企業にかぎらず、中小企業でも「**コーポレート・ガバナンス**」ということが盛んにいわれるようになってきました。**会社の組織づくりをきちんとして、法令遵守を図りましょう**という意味です。

　規模が大きくなって、大手企業とも取引するようになると、取締役会や監査役を設置して、会社の組織固めをすることも重要です。そのほうが、「**コンプライアンス（法令遵守）**」のしっかりした信用できる会社という見方をしてもらえるからです。

● 役員の変更以外にもたくさんある登録免許税（抜粋）

● 主な商業登記

項　目	金　額	課税標準	摘　要
設　立	6万円	申請件数	合名会社・合資会社
	1,000分の7 （15万円に満たない 場合は15万円）	資本金の額	株式会社
	1,000分の7 （6万円に満たない 場合は6万円）	資本金の額	合同会社
増資	1,000分の7 （3万円に満たない 場合は3万円）	増加資本金の額	株式会社・合同会社
支店の設置	6万円	支店の数	
本店・支店 の移転	3万円	本店・支店の数	
役員の変更	1万円	申請件数	資本金1億円以下
商号の仮登記	3万円	申請件数	
支店に おける登記	6,000円	申請件数	資本金1億円以下

会社にするかどうかの判断基準 41		
● いわゆる個人商店的なビジネスは考えていない	**Yes**	**No**

法人化チェックリスト 41		
● 事業を行ううえで、コンプライアンス（法令遵守）はとても大事だと思う	**Yes**	**No**

取締役の責任は意外に重い

会 取締役というポジション

　株式会社は、資本と経営の分離が大原則です。アイデアや行動力・能力があっても資金力がない人と、お金はあっても汗水たらして働くのはちょっと……という人をマッチングさせる合理的なしくみといえます。

　会社のオーナーである株主は、取締役に会社の経営を委託します。取締役は株主から預かった資金を増やすのが仕事ですが、経営がうまくいかずに赤字が続いたからといって、法的に処罰されることはありません。

　しかし善良な管理者としての注意義務や、忠実に職務を執行する義務に違反した結果、会社に損害を与えたとなると話は違います。たとえば、取締役が個人的に会社と同じビジネスをはじめて会社に損害を与えたり（**競合取引**）、取締役が会社から通常より安い金額で商品を買って会社に損をさせたり（**利益相反取引**）すると、会社から損害賠償請求をされる可能性があるのです（156頁参照）。

会 「競合取引」と「利益相反取引」はなぜ禁止？

　なぜ会社との競合取引を禁止しているかというと、取締役は会社の情報を何でも知っているので、会社のお金を使って得た情報を利用して、個人で儲けることが簡単にできてしまうからです。おいしい取引を会社ではなく個人に回すと、会社は利益を得るチャンスを失ってしまいます。

　たとえば不動産会社の取締役が、個人的にも不動産売買を行っているとします。安い物件を見つけたら、会社の取引にしないで個人で買ってしまい、高い物件だけ会社で買うという行為を続けていたらどうでしょう？会社は稼げる機会を逃してしまいます。

　また、会社と個人間の取引を規制しているのは、役員という立場を利用して、会社を犠牲にして個人の利益を図ることを防止するためです。

　たとえば、取締役が投資用に購入したマンションのローンを支払うのが大変だったとします。そこで、取締役は会社にこのマンションを貸し、相場を無視して月々のローンが支払える家賃を受け取ることにしました。会社は必要のない家賃を支払うだけでなく、相場より高い家賃を支払わされて大きな損失を被ってしまいます。

会 「監査役」は取締役の仕事内容を監査する

　監査役の仕事は、取締役が法律や定款にのっとって、会社を運営しているかをチェックすることです。食料品の賞味期限の記載を意図的に改ざんしたり、高級食材を使用していないのにレストランのメニューに載せたりと、偽装事件はあとを絶ちません。取締役がコンプライアンスを軽視していると、会社はあっという間につぶれてしまいます。会社を守るためにも、監査役のチェックが重要なのです。

　監査役は、決算書が適正につくられているかをチェックし、「**監査報告書**」を作成します。監査役の監査を経て、決算書は株主総会で承認されるのです。監査役が監査報告書にウソの記載をして、それを信じた第三者に損害を与えたら、それは損害賠償の対象になります。たとえば、決算書に粉飾があった場合などです。粉飾であると知りながら、「決算書は適正に作成されている」旨の監査報告書をつくり、銀行から融資を引き出したり、投資家から出資を受けたあとに会社が倒産すると、監査役も責任を問われる可能性があります。

会 株主による「株主代表訴訟」

　取締役の「**善管注意義務違反（善良な管理者の注意義務）**」などで会社が損害を被ったら、会社は訴えを起こして、取締役などの責任を追及することになります。本来なら社外の弁護士などの第三者を加えて、第三者委員会やコンプライアンス委員会などを立ちあげ、取締役の責任を追及すべきですが、現実的には会社が取締役を訴えるというのはあまり例がありま

せん。

　会社が訴えない場合は、株主が会社に代わって取締役の責任を追及する訴訟を起こすことができます。これを「**株主代表訴訟**」といいます。

　株主代表訴訟の流れは次のような感じです。

　まず株主は、会社に書面で取締役の責任を追及する訴訟を起こすように要求します。60日以内に会社が訴えない場合に、株主が訴訟を起こします。誰でも簡単に訴えられるように、訴訟費用は一律1万3,000円となっています。

　未認可の添加物入り食品を販売したとして、ある食品会社の取締役・監査役が訴えられたことがあります。このケースでは、取締役全員および監査役の善管注意義務違反が認められ、担当取締役に対して、なんと53億円もの！　損害賠償が命じられました。

　取締役と株主が同じ小さな会社で、株主代表訴訟が起こされるということは考えられませんが、**たとえどんな小さな会社でも、取締役や監査役は重い責任を負っていることを忘れてはなりません**。この責任は、個人事業主に比べてはるかに重いということを十分に理解しておいてください。

> ⚡ **POINT**
>
> - 取締役の責任は、想像以上に重い。特に株主に身内以外の第三者が入っている場合には、取締役の経営責任を問われることもあるので、軽く考えてはいけない。取締役の責任は、個人事業主に比べて社会的にはるかに大きいと自覚すること。
> - 株主1人、取締役1人の会社だとしても、コンプライアンスを守らないで社会的に問題を起こした場合は、金融機関などの第三者から責任を追及される。逆にいえば、それだけ会社というものが、社会的な存在であるということの裏返しなのだ。

会社にするかどうかの判断基準 42		
● 取締役の身内以外の人間からも出資してもらう予定がある	Yes	No

法人化チェックリスト 42		
● 会社をつくったら、会社を利用して私腹を肥やすような真似はしたくない	Yes	No

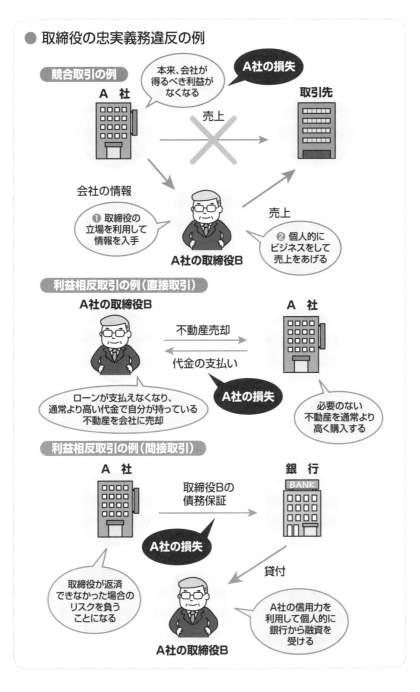

44 会社にすると、やっぱり手続きが面倒

決算公告とは何か？

会 「決算公告」をしなくてはいけない

　会社をつくったら、個人事業では絶対に必要のなかったタスクのひとつに、「決算公告」なるものがあります。**すべての株式会社は、会社の規模にかかわらず決算書（貸借対照表や損益計算書など）やその要旨を、官報や日刊新聞紙上で公告しなければなりません。**ただし、資本金が1億円以下の中小企業で株式譲渡制限のある会社は、貸借対照表の要旨のみでよいとされています。

会 決算公告の必要性

　それでは、なぜ決算公告は必要なのでしょうか。

　株式会社をつくるハードルは決して高くありません。本来、**資本金はビジネスをスタートするための元手**です。資本金1円の会社は、登記の資金すらねん出できないので現実的にはあり得ないのですが、形式的には1円で会社を登記することができます。実際、事務所も元手も持たずに、パソコンひとつでどこでも商売ができるいわゆるノマドワーカーも増えています。

　さすがに1円とはいわなくても、10万円や30万円でスタートする会社が増えています。つまり、資本金が持っている本来の意味がなくなってしまったのです。さらにいえば、取締役や株主の人数制限もないので、取締役1人・株主1人の会社を誰でも簡単につくることができます。

　本来、会社は個人事業主より信用できるはずなのですが、登記事項証明書を取り寄せても、「資本金」しか記載されていません。新規に取引しようと思っている会社の資本金が10万円しかないと、その会社と取引しても大丈夫なのか、代金はちゃんと回収できるのか、または商品はきちんと

納めてくれるのか、信頼してよい相手なのか心配になってきますよね。

　そこで、**自社に対する信頼性と信用度を高めるために「貸借対照表」を公開して、「純資産」にしっかり内部留保があることを示し、財務状況の安全性と健全性を示すのが「公告」**です。

　純資産とは、資本金プラスこれまでの利益の合計のことをいいます。つまり資本金が少なくても、儲かっている会社は純資産の金額が大きいというわけです。

会 決算公告の費用

　官報による決算公告の掲載料は、中小会社の場合でも6万円から9万円程度かかります。また、全国紙の日刊新聞に掲載するとなると、記事の大きさにもよりますが、最低でも60万円以上の料金がかかってしまいます。

　この費用負担はバカになりません。そこでこれらの負担を軽くするために、インターネット上で公告を行うこともできます。

会 インターネット公告と注意事項

　インターネットで公告する方法としては、「自社のホームページ上に掲載する方法」と「決算公告専門のインターネットモールに掲載する方法」とがあります。インターネットモールへの掲載料は、年間で2万円程度のところが多いようです。インターネットで公告を行う場合は、決算公告のURLを法務局に登記して公開する必要があります。また、**いったん公告した内容は5年間掲載を続けなければならない**という縛りがあります。

会 決算公告をしないと罰金が課せられる

　決算公告は法律で義務づけられている制度なので、これをしないと100万円以下の過料がかかることになっています。しかし実のところ、大企業は別として、決算公告を行っている中小企業はほとんどありません。これは、決算公告をしなかったら過料を取られるという法律の運営が、きちんとされていないからでしょう。

　逆説的にいえば決算公告するかしないかは、その会社のコンプライアン

スの意識にかかっているのです。**会社の持つ社会的信頼性を強くし、ビジネスチャンスを広げていくためにも積極的に開示して、企業イメージを上げていくことが成長する会社の条件**といえるのではないでしょうか。

● 決算公告のサンプル（貸借対照表の要旨を載せる場合）

第○○期決算公告

令和○○年5月31日　　　　　　　東京都千代田区飯田橋○丁目○番○号
　　　　　　　　　　　　　　　　株式会社ソーテックス
　　　　　　　　　　　　　　　　代表取締役 夏目 太一

貸借対照表の要旨（令和○○年3月31日現在）　　（単位：千円）

資産の部		負債及び純資産の部	
流動資産	**3,980**	**流動資産**	4,400
固定資産	**6,500**	**固定資産**	3,200
有形固定資産	3,500	**負債合計**	**7,600**
無形固定資産	1,800		
投資その他の資産	1,200	**株主資本**	3,780
繰延資産	**900**	資本金	1,000
		資本剰余金	100
		資本準備金	100
		利益剰余金	2,680
		利益準備金	500
		その他利益剰余金	2,180
		（うち当期純利益）	（580）
		純資産合計	**3,780**
資産合計	**11,380**	**負債・純資産合計**	**11,380**

損益計算書を
作成しない場合
には、必ず記載
する

会社にするかどうかの判断基準 43		
● 決算公告に費用がかかるのはしかたがないと思う	Yes	No

法人化チェックリスト 43		
● 会社の貸借対照表の要旨なら、公開してもかまわないと思う	Yes	No

45 会社にすると、やっぱり手続きが面倒

会社なら、会計期間を自由に決められるメリットって？

会 決算書とは何か？

　事業活動は、いったんスタートすると、事業をやめる日までずっと続きます。そこでどのくらい儲かっているのか、または儲かっていないのか、使えるお金はどのくらいあるのかを把握するために、人為的に期間を区切って帳簿を集計し、決算を行います。この人為的な期間のことを「**会計期間**」といい、**何月から何月までを会計期間とするかは会社が自由に決められます。**ただし、会計期間は1年を超えて設定できないという縛りがあるので、1年で区切って決算をする会社がほとんどです。

　決算では、「**損益計算書**」と「**貸借対照表**」のほかに、「**株主資本等変動計算書**」「**個別注記表**」という書類を作成します。決算書は、単なる過去の業績の集計ではなく、これを分析して将来の事業計画の拠り所とするための大事なデータなのです。株主にとっては、自分が出資した金額が増えているか、これから新しく出資すべき会社かどうかを判断する根拠となる書類です。銀行などの金融機関は、3期分の決算書をもとにその会社の格づけを行い、融資を行うべきか、いくらなら貸しても大丈夫なのかを判断します。

　このように**会社にとって決算書は命綱とも呼べる、大切な書類**なのです。

会 「損益計算書」と「貸借対照表」の意味

　「**損益計算書**」は、1年間の間に会社がいくら儲けたのか、またどうやって儲けたのかをまとめた計算書のことです。損益計算書では、売上から経費をマイナスして、利益を計算します。ここで計算した利益をもとに法人税法で決められているもろもろの調整を加えて計算します。

　「**貸借対照表**」は、決算日現在の会社の財務状況をまとめた一覧表です。貸借対照表には、会社ができてから現在までの歴史が刻まれているのです。

個「会計期間」は暦年

　個人事業と会社では、会計期間の決め方に大きな違いがあります。個人事業主の会計期間は暦年と決められています。**日本中のすべての個人事業主が1月1日から12月31までの間の損益計算書を作成し、12月31日現在の貸借対照表を作成する**というわけです。

　申告期限も決まっていて、2月16日から3月15日の間に最寄りの税務署に申告して税金を納めなければなりません。

個 口座振替の手続きで延納も可能

　個人事業主にかぎってですが、納付の特例があります。銀行で口座振替の手続きを行ったら、3月15日ではなく、4月の20日すぎに引き落としになるというものです。また、税金の額が多くて資金繰りが厳しい場合は、所得税の半分の支払いを5月末日まで延期することもできます。

　このような特例は会社にはないので、個人事業主だけのメリットといえます。

会「会計期間」は自由、 「申告期限の延長」も可能

　会社は会計期間を自由に決めることができます。1度決めた会計期間を変更することも簡単です。決算が確定すると、原則として決算日から2カ月以内に申告書を作成し、本店所在地の最寄りの税務署に提出して税金を納めます。

　申告期限および納期限を決算日から3カ月に延長することもできますが、その場合は1カ月分の利子税が発生します。

会「会計期間」を自由に決められるメリット

　会計期間を自由に決められることで、どのようなメリットがあるのでしょうか。まず、会社の業務内容にあわせて、繁忙期を避けた決算期を設定することができます。

　たとえば、スキーやスノボ用品を専門に販売している会社だったら、売上の大半が冬場に集中してしまいます。個人事業だったら事業年度は1月から12月と決まっているので、1年で最も忙しい時期に決算事務も行わなければなりません。会社ならば、比較的暇な8月など、夏場を決算期にしてゆっくり決算対策や節税対策を講じることができるというわけです。

　会計期間を自由に決めることで、消費税についても大きな節税メリットがあります。資本金1,000万円未満の会社にかぎって、設立1期目と2期目は、原則、消費税が免税になります（18頁参照）。しかし設立して最初の半年間で、売上または給料が1,000万円を超えると、設立2期目は消費税の課税事業者になるので、消費税メリットは半分になってしまいます。そこで2期目も消費税が免税されるよう、**1期目の事業年度を7カ月以下に設定**します。そうすれば、**最大19カ月間の節税メリットを受けることができる**のです。

　このような会社なら、最初の事業年度が7カ月以下になるように、自由に決算期を設定できます。

　一方、個人事業主は、事業年度は1月1日から12月31日と決められているので、免税事業者の判定も前年の1月1日から6月30日と固定されています。

　たとえばあなたがスキースクールを個人で1月に開業するとしましょう。冬場に売上が集中するからといって、個人事業では決算期を変更できないので、最初の半年間で売上や人件費が1,000万円を超えてしまうと、消費税の節税メリットを最大限に生かすことができなくなってしまうのです。

POINT

● 消費税の節税効果を最大限に生かしたり、繁忙期を避けて決算を組むためには、会計期間を自由に決められる会社のほうが圧倒的に有利。

会社にするかどうかの判断基準 44

● 1月から3月までの間に、事業を立ち上げる予定だ　　Yes　No

法人化チェックリスト 44

● 決算対策や節税対策は、他人任せにしないで、自分で考えるつもりだ　　Yes　No

● 消費税免税額の計算例（1月10日に開業した場合）

● 月の売上が200万円（消費税別）のコンサルタントの場合

会社をつくった場合

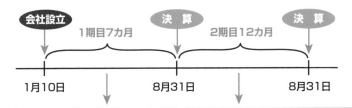

```
会社設立        決算              決算
    1期目7カ月        2期目12カ月
1月10日      8月31日          8月31日
```

免除される消費税額（簡易課税選択） 20万円 × 7カ月 = 140万円 140万円 × $\frac{50}{100}$ = 70万円	免除される消費税額（簡易課税選択） 20万円 ×12カ月 = 240万円 240万円 × $\frac{50}{100}$ = 120万円

免税される消費税額
合計 190万円

個人事業の場合

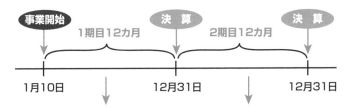

```
事業開始        決算              決算
    1期目12カ月       2期目12カ月
1月10日      12月31日         12月31日
```

免除される消費税額（簡易課税選択） 20万円 ×12カ月 = 240万円 240万円 × $\frac{50}{100}$ = 120万円	課税されるので 0円

免税される消費税額
合計 120万円

46 会社にすると、やっぱり手続きが面倒

会社なら、納税地を選んで戦略的にスタートできる

！ 地方自治体によって税率は異なる

　税金は、国税と地方税の2種類があります。日本という国のポケットに入るのが「**国税**」、都道府県や市区町村など、みなさんの事業所を管轄する地方自治体のポケットに入るのが「**地方税**」です。「**住民税**」と「**事業税**」は地方税なので、どこに事業所を置くかで、税金に違いが出てきます。

　なぜなら地方自治体は、課税に関して独自の裁量権を持っているからです。各自治体は地域の実情に応じて、通常使うべき「**標準税率**」より低い「**軽減税率**」を用いたり、逆に高い「**超過税率**」で課税したりということができるのです。ただし、標準税率より高い税率を使う場合でも、超えてはならない「**制限税率**」が決まっているので、2倍も3倍も違うということはありません。税率は、資本金や従業員の数、所得の金額など、会社の規模に応じて変わります。会社の所在地によって、所得は同じでも納める税金が違うなんてビックリですね。

会 「納税地」が選べるメリットとは？

　税金の額だけでなく、本店所在地の場所は資金調達の点でも大きな影響を与えます。事業をスタートして何年も経てば、会社の業績がよければ決算書の「**格付け**」もアップします。決算書の数値がよければ、金融機関から融資を受けるのは簡単です。しかし、起業したばかりの会社や個人事業主はまだ実績がないので、なかなか銀行はお金を貸してくれません。

　そこでスタートしたばかりの事業者のために、各地方自治体が積極的に創業資金を貸してくれる「**制度融資**」があります。制度融資についても、融資の条件や上限額、利息など、自治体によってかなりの格差があります。

　また地域の産業を発展させるために、独自の「**補助金**」を支給する自治

体も増えてきました。補助金の種類は金額も自治体によってさまざまです。

会 「本店所在地」が自由に選べる

　会社なら本店所在地がある都道府県や市区町村に税金を申告するので、どこに税金を納めるのかを自分で選択できます。

　各地方自治体の制度融資や補助金の情報もネットに公開されているので、どこに本店所在地を置くのが有利かを簡単に調べることができます。**会社の住所をどこに置くかは自分で自由に決められるので、資金調達という点で有利なスタートダッシュが切れる**というわけです。

個 「住民票のある場所」が原則

　個人事業主も、税務署へ確定申告をするとき、自宅の住所地で申告するか事業所のある場所で申告するかを自由に選べます。

　ただし住民税はそうはいきません。**どこに事業所を借りても、事業所の最寄りの税務署で申告しても、住民税は住民票の所在地に納めなければなりません。**住民税は地方税なので、自治体ごとにポケットが違うからです。

　また、**創業融資や補助金を受けるのも、原則、住民票の所在地**ということになります。1年以上同じ場所で事業を営んでいるなど、一定の条件を満たせば、事業所のある場所で融資を受けることも可能ですが、会社のように登記事項証明書を提出すれば終わりというわけにはいきません。

　個人事業主は、事業所の所在確認が会社のように簡単にはいかないからです。事業所の賃貸借契約書を提出したり、事業所案内の載っているパンフレットやチラシを用意したりするなど大変です。登記事項証明書以外の方法で「私は、この場所で事業を営んでいます」ということを証明して、はじめて会社と同じスタートラインに立てるのです。

会社にするかどうかの判断基準 45		
● 自宅の市区町村は、事業所所在地の市区町村とは別である	Yes	No
法人化チェックリスト 45		
● 資金調達のために、地方自治体の制度融資や補助金を積極的に利用したいと思う	Yes	No

第**3**章

事例に基づいて税金を計算してみよう

　ここまでの内容で、「○○○の点では会社にしたほうが得なんだな」とか「○○○の点では個人事業のほうがいいのかな」とか、なんとなく理解できたかと思います。

　ではいよいよ、あなたの事業を会社にしたほうがいいのか、個人事業のままにしておいたほうがいいのかシミュレーションしてみましょう。

　第3章では、実際に7つの業種を選び、それぞれ売上高を2種類設定して、会社にするのが得か個人事業が得か比較してみました。

　あなたの事業の業種がなくても、取りあげているモデルプランのどれかに似ているものがあるはずなので、参考にしてみてください。

01 | 7つのモデルケースの前提条件

会社にするかどうかの判断は、売上だけでなく、利益率で考える

❶ モデルケースで実際の節税効果を計算する

ここまで、会社をつくるメリットとデメリットについて詳しく見てきました。ここからはモデルケースを挙げて、実際に、どのくらいの売上規模になったら会社にするとメリットが大きくなるのか見ていきます。

これから起業する人は、最初の２年間でどの程度の売上が見込めるかを予想して、最初から会社にするべきかどうかの判断材料にしてください。

今現在、**個人事業をしている人は、どこまで売上が伸びたらそろそろ会社にしたほうがいいのか検討する目安**にしてください。

❷ 業種によって、利益率が違う

ひと口に売上規模といっても、業種によって売上に対する利益率はまちまちです。デザイナーやライターなどクリエイティブな業種の人の場合は、ノートパソコンひとつあればカフェで仕事することもできます。店舗を持たないカウンセラーやコンサルタントは、自分の人件費以外のコストがほとんどかからないので100％に近い利益を稼ぐことも可能ですが、小売業や飲食店などはそうはいきません。店舗を構え、商品を品揃えしなければならないので、売上に比べて利益は出にくくなります。

❸ モデルケースの前提条件について

モデルケースとして、**消費税の申告で簡易課税計算をする場合の「みなし仕入れ率」**に応じて７つの業種を設定しました。原価率や家賃、人件費の比率など、会社によって個別差はありますが、一般的な事例を想定して計算しています。ひとつの業種につき、売上高を２種類シミュレーション

しているので、参考にしてみてください。そのほかの前提条件となる部分については、できるだけ同じになるように設定してあります。大きく次の2パターンに分けています。

パターン ❶

・配偶者1人で子どもはいない
・妻は外で働いていない
・自宅は夫が100％所有

飲食費	年間 60 万円
車両関連費	年間 36 万円
生命保険料	年間 36 万円

パターン ❷

・配偶者1人で子どもはいない
・妻はほかの会社で働いている
（給与収入が180万円あるので、扶養家族には該当しない）
・自宅は妻と半分ずつの共有

飲食費	年間 120 万円
車両関連費	年間 60 万円
生命保険料	年間 60 万円

　各表の「経費計」は、個人であれば「原価 ＋ 諸経費 ＋ 家賃関連 ＋ 飲食費 ＋ 車両関連 ＋ 専従者給与 ＋ 消費税」、法人であれば「原価 ＋ 諸経費 ＋ 家賃 ＋ 飲食費 ＋ 車両関連 ＋ 生命保険 ＋ 事業主給与 ＋ 妻の給与」で計算しています。

　もちろん、実際には個々の前提条件が異なっているので、常に本書と同じ結果が出るとはかぎりません。あなたが実際にシミュレーションするときは、自分の実績の数字を用いて計算してみてください。自分でできない場合には、税理士に相談するとよいでしょう。

　設立後、**最初の半年間の売上（または給与）が1,000万円を超えると、最大24カ月分の節税メリットが利用できない（20頁参照）**ので注意してください。

　また令和元年から消費税の複数税率が導入されており、扱う商品によっては10％だけでなく8％の税率が適用されます。8％の税率が適用されるのは、酒類と外食を除く飲食料品と、週2回以上発行される新聞です。そ

のため店内で飲食する場合は10%、テイクアウトの場合は8%が適用されるというような状況が、飲食業にかぎらずあらゆる業種で発生します。**本書では、消費税額メリットを計算するにあたって、軽減税率の8%は考慮せずに計算しているのでご留意ください。**

④ 業種別のメリット額

　節税効果は、会社設立後2年間に受ける消費税の免除額によって大きく異なりますが、業種によってもその金額は変わってきます。

　モデルケースの事業主は、いずれも「消費税の簡易課税」を選択している前提です（23頁参照）。

　業種ごとの税金の計算方法は、次節以降で詳しく説明しています。

　みなさんは、最も自分に近いと思われるパターンを選んで、会社にした場合の節税をイメージしてください。

● 業種別メリット額 一覧

業種	売上	消費税区分	メリット額
サービス業 （カウンセラー等）	1,000万円	5種	56万1,900円
	1,200万円	5種	102万4,400円
サービス業 （セミナー講師等）	1,200万円	5種	53万5,000円
	1,500万円	5種	96万8,100円
エステサロン等の経営	1,500万円	5種	53万5,000円
	2,000万円	5種	125万6,300円
飲食店の経営	2,000万円	4種	68万7,000円
	2,500万円	4種	114万3,100円
建設工事業	2,500万円	3種	69万6,800円
	3,000万円	3種	112万5,400円
小売業（雑貨屋等）	3,000万円	2種	56万3,000円
	3,500万円	2種	90万4,200円
不動産業 （仲介と賃貸管理のみ）	1,500万円	6種	109万8,400円
	2,000万円	6種	180万5,200円

02 | 店舗を持たないカウンセラーやコンサルタント業の場合

利益率の高いサービス業の場合 （みなし仕入れ率50%）

⚠ 年間売上額が1,000万円 ➕ パターン❶

前提条件 **パターン❶**

・配偶者あり（妻は外で働いていない）

・子どもなし

・自宅（夫が100%所有）の一部を事務所として使用

　ここでは、**店舗を持たないカウンセラーやコンサルタント、ホームページの制作や管理、システム開発会社の外注、イベントの企画、デザイナー、作家や翻訳家、タレントといったクリエイティブな職業**を想定しています。

　事業をはじめるにあたって大きな設備投資をしたり、特別に事務所を構える必要もなく、商品を仕入れる必要もないので**売上原価もゼロという業種**です。売上に対して経費がほとんど発生しないので、売上の大部分が利益になる「**利益率のいい事業**」といってもいいでしょう。

　自宅にいて、パソコンひとつでビジネスができるノマドワーカーのような事業をイメージしてください。

　消費税を簡易課税で計算する場合は「サービス業」に該当するので、みなし仕入れ率50%で計算します。

個 経費の計算方法

　次頁の表の真ん中の欄が、個人事業の場合の税金計算です。売上は1,000万円（消費税を加えて1,100万円になっています）ですが、経費は3割程度しかかかっていません。

　妻に対して専従者給与を102万円支払っているので、妻は扶養には入っ

ていません。**個人事業者は、家族に専従者給与を支払うと、金額が少なくても扶養家族にできない**からです。

　自宅は事務所として使用しているので、利息や固定資産税の一部を、16万8,000円計上しています。個人事業の場合、経費を事業用とプライベート用とに分けて考えなければなりません。そこで、**打ちあわせの飲食費については、年間72万円のうち3割を個人消費として自己否認**しています。**自動車にかかる維持費は、年間36万円のうち3割を自己否認**しています。

会 経費の計算方法

　表の右の欄が、会社にした場合のシミュレーションです。代表者に対する役員報酬は、会社が赤字にならないぎりぎりで計算したところ、年間354万円となっています。

　妻は事業を手伝っているので、個人事業と同じく102万円の給与を支払っています。**103万円までの給与なら給与所得控除の55万円を引けるので、扶養家族にできます。**

カウンセラー（1,000万円）	個人	法人
売上	1,100万円	1,100万円
給与（事業主）	－	354万円
給与（妻）	－	102万円
専従者給与	102万円	－
消費税	**50万円**	0円
経費計	607万4,000円	1,059万8,000円
法人税等	－	**17万500円**
事業税	**7万3,800円**	－
事業主所得税	**31万2,900円**	**11万3,500円**
事業主住民税	**38万200円**	**22万1,000円**
妻所得税	**0円**	**0円**
妻住民税	**5,000円**	**5,000円**
税金　計	Ⓐ **127万1,900円**	Ⓑ **51万円**
経費増加分		Ⓒ **20万円**
節税額 Ⓐ － Ⓑ － Ⓒ		**56万1,900円**

個 税金の計算方法

　個人事業の場合、事業主にかかる所得税31万2,900円に、住民税38万200円と事業税7万3,800円および妻にかかる住民税の均等割5,000円を合計すると、**77万1,900円が年間で支払う税金**です。

　さらに、2年前の売上が1,000万円を超えているという前提で、消費税もかかります。**消費税は簡易課税を選択しているので、みなし仕入れ率は50%です。納付すべき消費税を計算すると50万円になります。すべての税金を合計すると年間127万1,900円**になります。

会 税金の計算方法

　会社の場合、**経費に税理士報酬や登記料などのコストアップ分として、20万円 ⓒ を見込んで計上**しています。

　交際費は年間支出額の72万円の全額を経費にしています。自動車は会社名義なので、36万円の全額が経費です。そのほか、会社で契約した生命保険料を36万円計上してあります。また、**家賃を夫に支払っています。**

　会社の場合、法人税や地方税の合計は17万500円です。

　さらに、個人にかかる所得税と住民税も計算します。個人には、会社からの給与所得と家賃収入にかかる税金が発生します。給与については給与所得控除を考慮して、社長にかかる所得税が11万3,500円、住民税が22万1,000円および妻にかかる均等割5,000円を**すべて合計して、年間51万円**となります。

Answer! 🔊

> 設立1期目なので、消費税はかかりません。税金のメリットとコストアップのデメリット分を考慮しても、会社にしたほうが年間で56万1,900円節約できることになります。会社設立にかかる費用を考えても、このあたりで法人化を検討していくといいのではないでしょうか。

⚠ 年間売上額が1,200万円 ＋ パターン ②

前提条件 **パターン ②**

・配偶者あり
（年間180万円の給与収入があるので、扶養家族には該当しない）
・子どもなし
・自宅（夫と妻が半分ずつ共有）の一部を事務所として使用

　売上が1,200万円（消費税込み1,320万円）の場合も、さまざまな前提条件は **パターン ❶** と一緒です。違うのは、妻がほかの会社で働いているということです。**個人事業だと妻に専従者給与を支払うことができませんが、会社にすると、役員報酬という形で妻にも給与を支払うことができます。自宅を事務所にしているので、会社の場合は事業主と配偶者それぞれに対して家賃を支払うことができます。また個人事業の場合は、打ちあわせの飲食費と自動車にかかる維持費を3割否認して計算しています。**

カウンセラー（1,200万円）	個人	法人
売上	1,320万円	1,320万円
給与（事業主）	－	360万円
給与（妻）	－	120万円
専従者給与	0円	－
消費税	**60万円**	0円
経費計	638万4,000円	1,257万6,000円
法人税等	－	**22万6,000円**
事業税	**16万8,300円**	－
事業主所得税	**67万2,000円**	**12万2,100円**
事業主住民税	**55万9,700円**	**22万4,600円**

妻所得税	**3万円**	**9万6,800円**
妻住民税	**6万5,000円**	**10万1,100円**

税　金　計	Ⓐ 209万5,000円	Ⓑ 77万600円
経費増加分		Ⓒ 30万円
節税額 Ⓐ － Ⓑ － Ⓒ		102万4,400円

個 税金の計算方法

個人事業の場合、事業主にかかる所得税と住民税、事業税の合計金額は140万円です。妻は扶養の枠を超えて働いているので、所得税と住民税をあわせて9万5,000円の納付が発生しています。世帯合計で考えると、1年間で合計149万5,000円の税金を負担していることになります。

これに消費税を足します。**消費税は簡易課税を選択しているので、みなし仕入れ率は50％**です。納付すべき消費税は60万円で、**すべての税金を合計すると年間209万5,000円**になります。

会 税金の計算方法

会社の場合、**経費に税理士報酬や登記料などのコストアップ分として、30万円を見込んで計上**しています。

交際費は、年間支出額の120万円の全額を経費にしています。自動車は会社名義なので、60万円の全額が経費です。そのほか、会社で契約した生命保険料を60万円計上しています。また、**家賃を夫と妻に支払っています**。

会社にかかる税金は、法人税などが22万6,000円です。さらに、代表者の給与と家賃収入に対する税金を計算します。結果、代表者が負担する所得税と住民税の合計は、34万6,700円になります。妻の税金は、2つの会社から給与収入があり、かつ家賃収入もあるので、所得税と住民税を合計して、19万7,900円になります。世帯全体で考えると、**年間77万600円の税金を負担するだけ**です。

Answer! 🔊

コストアップを差し引いても、なんと年間102万4,400円の節税メリットがあります。消費税メリットは会社設立後2年間しかありませんが、設立当初は営業成績や資金繰りなど、なかなか思うようにいかないものです。会社経営を軌道に乗せるためにも、ここで節税メリットを最大限に生かして、すぐにでも会社設立を考えるときでしょう。

事務所費用など経費がかかるサービス業の場合（みなし仕入れ率50%）

⚠ 年間売上額が1,200万円 ➕ パターン❶

前提条件 **パターン❶**

・配偶者あり（妻は外で働いていない）

・子どもなし

・自宅（夫が100％所有）の一部を事務所として使用

　前項と異なり、ある程度は設備などに経費をかけなければならない人を想定しています。たとえば、自主開催のセミナー講師は**研修会場を借りたりスタッフを雇ったり**しなければなりません。税理士や弁護士などのいわゆる士業も**事務所を構える**必要があります。フリーのカメラマンやミュージシャンなども、**機材や楽器**の値段はびっくりするほど高額です。プロゴルファーのように、**道具や遠征費**の必要なプロスポーツ選手も同じです。

　掃除や家事の代行業など、**小規模でもパートなどの人件費**がかかる業種もあります。大きく設備投資する必要はありませんが、前項の業種に比べると、それなりの経費が発生する事業をイメージしてください。

　消費税を簡易課税で計算する場合は「サービス業」に該当するので、みなし仕入れ率50％で計算します。

🏢 経費の計算方法

　右頁の表の真ん中の欄が、個人事業の場合の税金計算です。売上は1,200万円（消費税を加えて1,320万円になっています）ですが、経費が5割程度かかります。

　妻に対して専従者給与を102万円支払っているので、妻は扶養には入っ

ていません。**個人事業者は、家族に専従者給与を支払うと、その金額が少なくても扶養家族にできない**からです。

　自宅は事務所として使用しているので、利息や固定資産税の一部を、16万8,000円計上しています。**個人事業の場合、経費を事業用とプライベート用とに分けて考えなければなりません。**そこで、**打ちあわせの飲食費については、年間72万円のうち3割を個人消費として自己否認**しています。**自動車にかかる維持費は、年間36万円のうち3割を自己否認**しています。

会 経費の計算方法

　表の右の欄が、会社にした場合のシミュレーションです。代表者に対する役員報酬は、会社が赤字にならないぎりぎりで計算したところ、年間300万円となっています。

　妻は事業を手伝っているので、個人事業と同じく102万円の給与を支払っています。**103万円までの給与なら、給与所得控除の55万円を引けるので、扶養家族にできます。**

セミナー講師（1,200万円）	個人	法人
売上	1,320万円	1,320万円
給与（事業主）	−	300万円
給与（妻）	−	102万円
専従者給与	102万円	−
消費税	**60万円**	0円
経費計	914万4,000円	1,302万8,000円
法人税等	−	**11万3,000円**
事業税	**3万300円**	−
事業主所得税	**19万円**	**8万6,600円**
事業主住民税	**29万7,500円**	**18万3,200円**

	個人	法人
妻所得税	**0円**	**0円**
妻住民税	**5,000円**	**5,000円**

	個人	法人
税金　計	Ⓐ **112万2,800円**	Ⓑ **38万7,800円**
経費増加分		Ⓒ **20万円**
節税額 Ⓐ − Ⓑ − Ⓒ		**53万5,000円**

個 税金の計算方法

　個人事業の場合、事業主にかかる所得税19万円に、住民税29万7,500円と事業税3万300円および妻にかかる住民税の均等割5,000円を合計すると、**52万2,800円が年間で支払う税金**です。

　さらに2年前の売上が1,000万円を超えているという前提で、消費税もかかります。消費税は**簡易課税を選択しているので、みなし仕入れ率は50%**です。納付すべき消費税を計算すると60万円になります。**すべての税金を合計すると年間112万2,800円**になります。

会 税金の計算方法

　会社の場合、**経費に税理士報酬や登記料などのコストアップ分として、20万円 Ⓒ** を見込んで計上しています。

　交際費は年間支出額の72万円の全額を経費にしています。自動車は会社名義なので、36万円の全額が経費です。そのほか、会社で契約した生命保険料を36万円計上してあります。また、**家賃を夫に支払っています。会社にかかる税金は、法人税や地方税の合計が11万3,000円です。**

　さらに、個人にかかる所得税と住民税も計算します。個人には、会社からの給与所得と家賃収入にかかる税金が発生します。給与については給与所得控除を考慮して、社長にかかる所得税が8万6,600円、住民税が18万3,200円および妻にかかる均等割5,000円を**すべて合計して、年間38万7,800円**となります。

Answer! 🔊

> 設立1期目ですから、消費税はかかりません。税金のメリットとコストアップのデメリット分を考慮しても、年間で53万5,000円が節約できることになります。会社設立にかかる費用を考えても、このあたりで法人化を検討していくといいのではないでしょうか。

⚠ 年間売上額が1,500万円 ➕ パターン②

前提条件 **パターン②**

・配偶者あり
（年間180万円の給与収入があるので、扶養家族には該当しない）
・子どもなし
・自宅（夫と妻が半分ずつ共有）の一部を事務所として使用

売上が1,500万円（消費税込み1,650万円）の場合も、さまざまな前提条件は **パターン①** と一緒です。違うのは、妻がほかの会社で働いていることです。**個人事業だと妻に専従者給与を支払うことができませんが、会社にすると役員報酬という形で妻にも給与を支払うことができます。自宅を事務所にしているので、会社の場合は事業主と配偶者それぞれに対して家賃を支払うことができます。また個人事業の場合には、打ちあわせの飲食費と自動車にかかる維持費を3割否認して計算**しています。

セミナー講師（1,500万円）	個人	法人
売上	1,650万円	1,650万円
給与（事業主）	－	360万円
給与（妻）	－	120万円
専従者給与	0円	－
消費税	**75万円**	0円
経費計	1,042万8,000円	1,647万円
法人税等	－	**7万7,500円**
事業税	**13万1,100円**	－
事業主所得税	**53万600円**	**13万8,100円**
事業主住民税	**48万9,000円**	**24万600円**
妻所得税	**3万円**	**8万8,800円**
妻住民税	**6万5,000円**	**18万2,600円**
税金　計	⒜ **199万5,700円**	⒝ **72万7,600円**
経費増加分		⒞ **30万円**
節税額 ⒜ － ⒝ － ⒞		**96万8,100円**

179

個 税金の計算方法

　個人事業の場合、事業主にかかる所得税と住民税、事業税の合計金額は115万700円です。妻は扶養の枠を超えて働いているので、所得税と住民税をあわせて9万5,000円の納付が発生しています。世帯合計で考えると、1年間で合計124万5,700円の税金を負担していることになります。

　これに消費税を足します。**消費税は簡易課税を選択しているので、みなし仕入れ率は50%**です。納付すべき消費税は75万円で、**すべての税金を合計すると年間199万5,700円**になります。

会 税金の計算方法

　会社の場合、**経費については、税理士報酬や登記料などのコストアップに30万円 C を見込んで**計上しています。

　交際費は、年間支出額の120万円の全額を経費算入しています。自動車は会社名義なので、60万円の全額が経費です。そのほか、会社で契約した生命保険料を60万円計上しています。また、**家賃を夫と妻に支払っています**。

　会社にかかる税金は、法人税などが7万7,500円です。さらに、代表者の給与と家賃収入に対する税金を計算します。結果、代表者が負担する所得税と住民税の合計は、37万8,700円になります。妻の税金は、2つの会社から給与収入があり、かつ家賃収入もあるので、所得税と住民税を合計して、27万1,400円になります。世帯全体で考えると、**年間72万7,600円の税金を負担するだけ**です。

Answer! 🔊

コストアップを差し引いても、なんと年間96万8,100円の節税メリットがあります。消費税メリットは会社設立後2年間しかありませんが、設立当初は営業成績や資金繰りなど、なかなか思うようにいかないものです。**会社経営を軌道に乗せるためにも、ここで節税メリットを最大限に生かして、すぐにでも会社設立を考えるときでしょう。**

04 エステサロンや美容院を経営する場合

店舗を構えて、設備以外に人件費などの経費がかかるサービス業の場合（みなし仕入れ率50%）

⚠ 年間売上額が1,500万円 ➕ パターン❶

前提条件 **パターン❶**

・配偶者あり（妻は外で働いていない）

・子どもなし

・自宅（夫が100%所有）の一部を事務所として使用

　ここでは、**エステサロンをモデルケース**として取りあげています。類似の業種として、**美容院や理容院、ネイルサロンまたは学習塾や人材派遣タイプのシステム開発を除くIT会社など**が考えられます。

　エステサロンを経営するには、それなりの店舗を構えなければなりません。業務用の美容機器などの設備投資も必要です。設備以外でも、人件費がかかるのが特徴です。1人のエステシャンが対応できるお客さまの人数にはかぎりがあるので、どうしても売上に比例して人件費の比率が上がってしまいます。美容液やオイルなど商材コストも多少かかりますが、**飲食店などに比べれば、仕入れの原価があまり必要ないのが特徴**です。

　消費税を簡易課税で計算する場合は「サービス業」に該当するので、みなし仕入れ率は50%で計算します。

🔲 経費の計算方法

　次頁の表の真ん中の欄が、個人事業の場合の税金計算です。売上は1,500万円（消費税を加えて1,650万円になっています）ですが、家賃や設備費および商材などの消耗品をあわせて、経費が5割程度かかる設定です。

　妻に対して専従者給与を102万円支払っているので、妻は扶養には入っ

ていません。**個人事業者は、家族に専従者給与を支払うと、金額が少なくても扶養家族にできないからです。**

　自宅は事務所として使用しているので、利息や固定資産税の一部を、16万8,000円計上しています。個人事業の場合、経費を事業用とプライベート用とに分けて考えなければなりません。そこで、**打ちあわせの飲食費については、年間72万円のうち3割を個人消費として自己否認しています。自動車にかかる維持費は、年間36万円のうち3割を自己否認しています。**

会 経費の計算方法

　表の右の欄が、会社にした場合のシミュレーションです。代表者に対する役員報酬は、会社が赤字にならないぎりぎりで計算したところ、年間300万円となっています。

　妻は事業を手伝っているので、個人事業と同じく、102万円の給与を支払っています。**103万円までの給与なら、給与所得控除の55万円を引けるので、扶養家族にできます。**

エステサロン（1,500万円）	個人	法人
サロン売上	1,650万円	1,650万円
商品仕入	165万円	165万円
給与（事業主）	－	300万円
給与（妻）	－	102万円
専従者給与	102万円	－
消費税	**60万円**	0円
経費計	1,244万4,000円	1,632万8,000円
法人税等	－	**11万3,000円**
事業税	**3万300円**	－
事業主所得税	**19万円**	**8万6,600円**
事業主住民税	**29万7,500円**	**18万3,200円**

妻所得税	**0円**	**0円**
妻住民税	**5,000円**	**5,000円**

税　金　計	Ⓐ 112万2,800円	Ⓑ 38万7,800円
経費増加分		Ⓒ 20万円
節税額 Ⓐ － Ⓑ － Ⓒ		53万5,000円

個 税金の計算方法

　個人事業の場合、事業主にかかる所得税19万円に、住民税29万7,500円と事業税3万300円および妻にかかる住民税の均等割5,000円を合計すると、**52万2,800円が年間で支払う税金**です。

　さらに、2年前の売上が1,000万円を超えているという前提で、消費税もかかります。**消費税は簡易課税を選択しているので、サービス業に適用されるみなし仕入れ率は50%になります。**納付すべき消費税を計算すると600,000円です。**すべての税金を合計すると年間112万2,800円**になります。

会 税金の計算方法

　会社の場合、**経費に税理士報酬や登記料などのコストアップ分として、20万円 Ⓒ を見込んで計上**しています。

　交際費は年間支出額の72万円の全額を経費にしています。自動車は会社名義なので、36万円の全額が経費です。そのほか、会社で契約した生命保険料を36万円計上してあります。また、**家賃を夫に支払っています。**

　会社にかかる税金は、法人税や地方税の合計が11万3,000円です。

　さらに、個人にかかる所得税と住民税も計算します。個人には、会社からの給与所得と家賃収入にかかる税金が発生します。給与については給与所得控除を考慮して、社長にかかる所得税が8万6,600円、住民税が18万3,200円および妻にかかる均等割5,000円を**すべて合計して、年間38万7,800円**となります。

Answer! 🔊

設立1期目なので、消費税はかかりません。税金のメリットとコストアップのデメリット分を考慮しても、会社にしたほうが年間で53万5,000円が節約できることになります。会社設立にかかる費用を考えても、このあたりで法人化を検討していくといいのではないでしょうか。

⚠ 年間売上額が2,000万円 ⊕ パターン②

前提条件 **パターン②**

・配偶者あり
（年間180万円の給与収入があるので、扶養家族には該当しない）
・子どもなし
・自宅（夫と妻が半分ずつ共有）の一部を事務所として使用

　売上が2,000万円（消費税込み2,200万円）の場合も、さまざまな前提条件は **パターン①** と一緒です。違うのは、妻がほかの会社で働いているということです。**個人事業だと妻に専従者給与を支払うことができませんが、会社にすると役員報酬という形で、妻にも給与を支払うことができます。自宅を事務所にしているので、会社の場合は事業主と配偶者それぞれに対して家賃を支払うことができます。また個人事業の場合は、打ちあわせの飲食費と自動車にかかる維持費を3割否認して計算**しています。

エステサロン（2,000万円）	個人	法人
サロン売上	2,200万円	2,200万円
商品仕入	220万円	220万円
給与（事業主）	－	408万円
給与（妻）	－	120万円
専従者給与	0円	－
消費税	**100万円**	0円
経費計	1,562万8,000円	2,190万円
法人税等	－	**9万5,000円**
事業税	**14万6,100円**	－
事業主所得税	**58万7,600円**	**16万500円**
事業主住民税	**51万7,500円**	**26万3,000円**
妻所得税	**3万円**	**8万8,800円**
妻住民税	**6万5,000円**	**18万2,600円**
税　金　計	Ⓐ 234万6,200円	Ⓑ 78万9,900円
経費増加分		Ⓒ 30万円
節税額 Ⓐ－Ⓑ－Ⓒ		125万6,300円

個 税金の計算方法

　個人事業の場合、事業主にかかる所得税と住民税、事業税の合計金額は125万1,200円です。妻は扶養の枠を超えて働いているので、所得税と住民税をあわせて9万5,000円の納付が発生しています。世帯合計で考えると、1年間で合計134万6,200円の税金を負担していることになります。

　これに消費税を足します。**消費税は簡易課税を選択しているので、みなし仕入れ率は50％です。**納付すべき消費税は100万円で、**すべての税金を合計すると年間234万6,200円になります。**

会 税金の計算方法

　会社の場合、**経費に税理士報酬や登記料などのコストアップ分として、30万円 Ⓒ を見込んで計上しています。**

　交際費は年間支出額の120万円の全額を経費にしています。自動車は会社名義なので、60万円の全額が経費です。そのほか、会社で契約した生命保険料を60万円計上しています。また、**家賃を夫と妻に支払っています。**

　会社にかかる税金は、法人税などが9万5,000円です。さらに、代表者の給与と家賃収入に対する税金を計算します。結果、代表者が負担する所得税と住民税の合計は、42万3,500円になります。妻の税金は、2つの会社から給与収入があり、かつ家賃収入もあるので、所得税と住民税を合計して、27万1,400円になります。世帯全体で考えると、**年間78万9,900円の税金を負担するだけです。**

Answer! 🔊

> コストアップを差し引いても、なんと年間125万6,300円の節税メリットがあります。消費税メリットは会社設立後2年間しかありませんが、設立当初は営業成績や資金繰りなど、なかなか思うようにいかないものです。会社経営を軌道に乗せるためにも、ここで節税メリットを最大限に生かして、すぐにでも会社設立を考えるときでしょう。

飲食業の場合
（みなし仕入れ率60%）

⚠️ 年間売上額が2,000万円 ➕ パターン❶

前提条件 **パターン❶**

・配偶者あり（妻は外で働いていない）

・子どもなし

・自宅（夫が100%所有）の一部を事務所として使用

　ここでは、**飲食店をモデルケース**として取りあげています。ひと口に飲食店といっても、ラーメン屋から高級フレンチ料理店まで、さまざまな種類の営業形態があります。ラーメン屋と高級フランス料理店では、原価率も人件費率もまったく異なります。**飲食店には、原価率と人件費を足すと、営業形態によらず比率は同じになる**という考え方もあり、目安としてのメリット額をシミュレーションしています。

　いずれにせよ、**飲食店は店舗を構えたり内装や厨房設備など、かなりの設備投資をする必要があります。食材の原価もかかるうえに、人件費の負担もバカにはできません。消費税を簡易課税で計算する場合は「その他の事業」に該当するので、みなし仕入れ率は60%で計算**します。

🈺 経費の計算方法

　次頁の表の真ん中の欄が、個人事業の場合の税金計算です。売上2,000万円（消費税を加えて2,200万円になっています）ですが、食材の仕入代金が35%かかるという設定です。そのほか、人件費や店舗にかかる経費も売上の35%程度かかる設定になっています。

　妻に対して専従者給与を102万円支払っているので、妻は扶養には入っ

ていません。**個人事業者は、家族に専従者給与を支払うと、その金額が少なくても扶養家族にできない**からです。

　自宅は事務所として使用しているので、利息や固定資産税の一部を、16万8,000円計上しています。個人事業の場合、経費を事業用とプライベート用とに分けて考えなければなりません。そこで、**打ちあわせの飲食費については、年間72万円のうち3割を個人消費として自己否認しています。自動車にかかる維持費は、年間36万円のうち3割を自己否認**しています。

会 経費の計算方法

　表の右の欄が、会社にした場合のシミュレーションです。代表者に対する役員報酬は、会社が赤字にならないぎりぎりで計算したところ、年間300万円となっています。

　妻は事業を手伝っているので、個人事業と同じく、102万円の給与を支払っています。**103万円までの給与なら、給与所得控除の55万円を引けるので、扶養家族にできます。**

イタリアン（2,000万円）	個人	法人
飲食店売上	2,200万円	2,200万円
食材仕入	770万円	770万円
給与（事業主）	−	300万円
給与（妻）	−	102万円
専従者給与	102万円	−
消費税	**80万円**	0円
経費計	1,814万4,000円	2,182万8,000円
法人税等	−	**11万3,000円**
事業税	**2万300円**	−
事業主所得税	**17万1,000円**	**8万6,600円**
事業主住民税	**27万8,500円**	**18万3,200円**

	個人	法人
妻所得税	**0円**	**0円**
妻住民税	**5,000円**	**5,000円**

	個人	法人
税金　計	Ⓐ **127万4,800円**	Ⓑ **38万7,800円**
経費増加分		Ⓒ **20万円**
節税額 Ⓐ − Ⓑ − Ⓒ		**68万7,000円**

個 税金の計算方法

　個人事業の場合、事業主にかかる所得税17万1,000円に、住民税27万8,500円と事業税2万300円および妻にかかる住民税の均等割5,000円を合計すると、**47万4,800円が年間で支払う税金**です。

　さらに、2年前の売上が1,000万円を超えているという前提で、消費税もかかります。**消費税は簡易課税を選択しているので、みなし仕入れ率は「その他の事業」に該当し、60%**になります。納付すべき消費税を計算すると80万円です。**すべての税金を合計すると年間127万4,800円**になります。

会 税金の計算方法

　会社の場合、**経費に税理士報酬や登記料などのコストアップ分として、20万円 ⓒ を見込んで計上**しています。

　交際費は年間支出額の72万円の全額を経費にしています。自動車は会社名義なので、36万円の全額が経費です。そのほか、会社で契約した生命保険料を36万円計上してあります。また、**家賃を夫に支払っています。**

　会社にかかる税金は、法人税や地方税の合計が11万3,000円です。

　さらに、個人にかかる所得税と住民税も計算します。個人には、会社からの給与所得と家賃収入にかかる税金が発生します。給与については給与所得控除を考慮して、社長にかかる所得税が8万6,600円、住民税が18万3,200円および妻にかかる均等割5,000円を**すべて合計して、年間38万7,800円**となります。

Answer!

　設立1期目ですから、当然消費税はかかりません。税金のメリットとコストアップのデメリット分を考慮しても、会社にしたほうが年間で68万7,000円が節約できることになります。会社設立にかかる費用を考えても、このあたりで法人化を検討していくといいのではないでしょうか。

！ 年間売上額が2,500万円 ➕ パターン❷

前提条件 **パターン❷**

・配偶者あり
（年間180万円の給与収入があるので、扶養家族には該当しない）
・子どもなし
・自宅（夫と妻が半分ずつ共有）の一部を事務所として使用

　売上が2,500万円（消費税込み2,750万円）の場合も、さまざまな前提
条件は **パターン❶** と一緒です。違うのは、妻がほかの会社で働いている
ということです。**個人事業だと妻に専従者給与を支払うことができません
が、会社にすると、役員報酬という形で妻にも給与を支払うことができます。
自宅を事務所にしているので、会社の場合は事業主と配偶者それぞれに対
して家賃を支払うことができます。**また個人事業の場合は、打ちあわせの
飲食費と自動車にかかる維持費を3割否認して計算しています。

イタリアン（2,500万円）	個人	法人
飲食店売上	2,750万円	2,750万円
食材仕入	962万5,000円	962万5,000円
給与（事業主）	－	360万円
給与（妻）	－	120万円
専従者給与	0円	－
消費税	**100万円**	0円
経費計	2,167万8,000円	2,747万円
法人税等	－	**7万7,500円**
事業税	**11万8,600円**	－
事業主所得税	**48万3,100円**	12万2,100円
事業主住民税	**46万5,300円**	22万4,600円
妻所得税	**3万円**	9万6,100円
妻住民税	**6万5,000円**	19万8,600円
税金　計	Ⓐ 216万2,000円	Ⓑ 71万8,900円
経費増加分		Ⓒ 30万円
節税額 Ⓐ－Ⓑ－Ⓒ		114万3,100円

個 税金の計算方法

　個人事業の場合、事業主にかかる所得税と住民税、事業税の合計金額は106万7,000円です。妻は扶養の枠を超えて働いているので、所得税と住民税をあわせて9万5,000円の納付が発生しています。世帯合計で考えると、1年間で合計116万2,000円の税金を負担していることになります。

　これに消費税を足します。**消費税は簡易課税を選択しているので、みなし仕入れ率は60%**です。納付すべき消費税は100万円で、**すべての税金を合計すると年間216万2,000円**になります。

会 税金の計算方法

　会社の場合、**経費に税理士報酬や登記料などのコストアップに30万円を見込んで計上しています。**

　交際費は、年間支出額の120万円の全額を経費算入しています。自動車は会社名義なので、60万円の全額が経費です。そのほか、会社で契約した生命保険料を60万円計上しています。また、**家賃を夫と妻に支払っています。**

　税金は、会社にかかる法人税などが7万7,500円です。

　さらに、代表者の給与と家賃収入に対する税金を計算します。結果、代表者が負担する所得税と住民税の合計は、34万6,700円になります。妻の税金は、2つの会社から給与収入があり、かつ家賃収入もあるので、所得税と住民税を合計して、29万4,700円になります。世帯全体で考えると、**年間71万8,900円の税金を負担するだけ**です。

Answer!

コストアップを差し引いても、なんと年間114万3,100円の節税メリットがあります。消費税メリットは会社設立後2年間しかありませんが、設立当初は営業成績や資金繰りなど、なかなか思うようにいかないものです。会社経営を軌道に乗せるためにも、ここで節税メリットを最大限に生かして、すぐにでも会社設立を考えるときでしょう。

06 建築業や製造業の場合

製造業や建築業の場合（みなし仕入れ率70%）

⚠ 年間売上額が2,500万円 ➕ パターン①

前提条件 **パターン①**

・配偶者あり（妻は外で働いていない）

・子どもなし

・自宅（夫が100%所有）の一部を事務所として使用

　ここでは、**内装工事業をモデルケース**として取りあげています。類似の業種として、**電気工事業や建築工事業、コンピューターの部品メーカーなどの製造業**が考えられます。

　内装工事業といっても、事業形態としては**仕事を請負で引き受ける場合**と、**日当でもらう場合**の2通りがあります。日当でもらう人は、材料費や工具も相手先が負担するので、大きなコストや設備投資は必要ありません。むしろコンサルタントなどの収益構造に近いので、そちらを参考にしてください。ここでは、**請負タイプで内装工事を行うケースでシミュレーション**しています。**消費税を簡易課税で計算する場合は「製造業」に該当するので、みなし仕入れ率70%で計算**します。

個 経費の計算方法

　次頁の表の真ん中の欄が、個人事業の場合の税金計算です。売上は2,500万円（消費税を加えて2,750万円です）ですが、原材料代として売上の5割がかかるという設定です。そのほか、人件費や消耗品、保険料などの経費が売上の2割5分ほどかかる設定になっています。

　妻に対して専従者給与を102万円支払っているので、妻は扶養には入っ

ていません。**個人事業者は、家族に専従者給与を支払うと、金額が少なくても扶養家族にできない**からです。

　自宅は事務所として使用しているので、利息や固定資産税の一部を、16万8,000円計上しています。個人事業の場合、経費を事業用とプライベート用とに分けて考えなければなりません。そこで、**打ちあわせの飲食費については、年間72万円のうち3割を個人消費として自己否認**しています。**自動車にかかる維持費は、年間36万円のうち3割を自己否認**しています。

会 経費の計算方法

　表の右の欄が、会社にした場合のシミュレーションです。代表者に対する役員報酬は、会社が赤字にならないぎりぎりで計算したところ、年間336万円となっています。妻は事業を手伝っているので、個人事業と同じく102万円の給与を支払っています。**103万円までの給与なら、給与所得控除の55万円を引けるので、扶養家族にできます。**

電気工事（2,500万円）	個人	法人
工事売上	2,750万円	2,750万円
原材料仕入	1,375万円	1,375万円
給与（事業主）	―	336万円
給与（妻）	―	102万円
専従者給与	102万円	―
消費税	**75万円**	0円
経費計	2,331万9,000円	2,741万3,000円
法人税等	―	**9万1,700円**
事業税	**3万6,500円**	―
事業主課税所得	**299万4,500円**	**198万4,000円**
事業主所得税	**20万1,900円**	**10万900円**
事業主住民税	**30万9,400円**	**20万8,400円**
妻所得税	**0円**	**0円**
妻住民税	**5,000円**	**5,000円**
税金　計	Ⓐ 130万2,800円	Ⓑ 40万6,000円
経費増加分		Ⓒ 20万円
節税額 Ⓐ－Ⓑ－Ⓒ		69万6,800円

個 税金の計算方法

　個人事業の場合、事業主にかかる所得税20万1,900円に、住民税30万9,400円と事業税3万6,500円および妻にかかる住民税の均等割5,000円を合計すると、**55万2,800円が年間で支払う税金**です。

　さらに、2年前の売上が1,000万円を超えているという前提で、消費税もかかります。**消費税は簡易課税を選択しているので、みなし仕入れ率は「製造業」が適用され、70%**になります。納付すべき消費税を計算すると75万円です。**すべての税金を合計すると年間130万2,800円になります。**

会 税金の計算方法

　会社の場合、**経費に税理士報酬や登記料などのコストアップ分として、20万円 Ⓒ を見込んで計上**しています。

　交際費は年間支出額の72万円の全額を経費にしています。自動車は会社名義なので、36万円の全額が経費です。そのほか、会社で契約した生命保険料を36万円計上してあります。また、**家賃を夫に支払っています。**
　会社にかかる税金は、法人税や地方税の合計が9万1,700円です。

　さらに、個人にかかる所得税と住民税も計算します。個人には、会社からの給与所得と家賃収入にかかる税金が発生します。給与については給与所得控除を考慮して、社長にかかる所得税が10万900円、住民税が20万8,400円および妻にかかる均等割5,000円を**すべて合計して、年間40万6,000円**となります。

Answer! 🔊

> 設立1期目なので、消費税はかかりません。税金のメリットとコストアップのデメリット分を考慮しても、**会社にしたほうが年間で69万6,800円節約できる**ことになります。会社設立にかかる費用を考えても、このあたりで法人化を検討していくといいのではないでしょうか。

⚠️ 年間売上額が3,000万円 ➕ パターン ❷

前提条件 **パターン ❷**

- 配偶者あり
  （年間180万円の給与収入があるので、扶養家族には該当しない）
- 子どもなし
- 自宅（夫と妻が半分ずつ共有）の一部を事務所として使用

　売上が3,000万円（消費税込み3,300万円）の場合も、さまざまな前提条件は **パターン ❶** と一緒です。違うのは、妻がほかの会社で働いているということです。**個人事業だと妻に専従者給与を支払うことができませんが、会社にすると役員報酬という形で妻にも給与を支払うことができます。自宅を事務所にしているので、会社の場合は事業主と配偶者それぞれに対して家賃を支払うことができます。**また個人事業の場合には、打ちあわせの飲食費と自動車にかかる維持費を3割否認して計算しています。

電気工事（3,000万円）	個人	法人
工事売上	3,300万円	3,300万円
原材料仕入	1,650万円	1,650万円
給与（事業主）	－	360万円
給与（妻）	－	120万円
専従者給与	0円	－
消費税	**90万円**	0円
経費計	2,707万8,000円	3,297万円
法人税等	－	7万7,500円
事業税	12万3,600円	－
事業主所得税	50万2,100円	12万2,100円
事業主住民税	47万4,800円	22万4,600円

妻所得税	3万8,500円	8万8,800円
妻住民税	8万2,000円	18万2,600円

税金 計	Ⓐ 212万1,000円	Ⓑ 69万5,600円
経費増加分		Ⓒ 30万円
節税額 Ⓐ － Ⓑ － Ⓒ		112万5,400円

個 税金の計算方法

　個人事業の場合、事業主にかかる所得税と住民税、事業税の合計金額は110万500円です。妻は扶養の枠を超えて働いているので、所得税と住民税をあわせて12万500円の納付が発生しています。世帯合計で考えると、1年間で合計122万1,000円の税金を負担していることになります。

　これに消費税を足します。**消費税は簡易課税を選択しているので、みなし仕入れ率は70%**です。納付すべき消費税は90万円で、**すべての税金を合計すると年間212万1,000円**になります。

会 税金の計算方法

　会社の場合、**経費に税理士報酬や登記料などのコストアップに30万円**を見込んで計上しています。

　交際費は、年間支出額の120万円の全額を経費算入しています。自動車は会社名義なので、60万円の全額が経費です。そのほか、会社で契約した生命保険料を60万円計上しています。また、**家賃を夫と妻に支払っています**。

　会社にかかる税金は、法人税などが7万7,500円です。さらに、代表者の給与と家賃収入に対する税金を計算します。結果、代表者が負担する所得税と住民税の合計は、34万6,700円になります。妻の税金は、2つの会社から給与収入があり、かつ家賃収入もあるので、所得税と住民税を合計して、27万1,400円になります。世帯全体で考えると、**年間69万5,600円の税金を負担するだけ**です。

Answer!

　コストアップを差し引いても、なんと年間112万5,400円の節税メリットがあります。消費税メリットは会社設立後2年間しかありませんが、設立当初は営業成績や資金繰りなど、なかなか思うようにいかないものです。会社経営を軌道に乗せるためにも、ここで節税メリットを最大限に生かして、すぐにでも会社設立を考えるときでしょう。

小売業の場合（みなし仕入れ率80%）

⚠ 年間売上額が3,000万円 ➕ パターン❶

前提条件 **パターン❶**

・配偶者あり（妻は外で働いていない）

・子どもなし

・自宅（夫が100％所有）の一部を事務所として使用

ここでは、**雑貨屋をモデルケース**として取りあげています。類似の業種として、**ドラッグ・ストアやブティック、薬局、家庭用品の店から化粧品屋など**、小売店の種類は数え切れないほどあります。**広く小売業の人はここを参考に**してください。店舗を構えて商品を仕入れ、一般消費者に対して販売するビジネスモデルを想定しています。もちろん雑貨屋とブティックでは、仕入率や人件費率など諸条件は異なりますが、あくまでひとつの目安として雑貨屋をシミュレーションしています。

　また**食料品（軽減税率8％の商品）は扱っていないものとして計算**しています。扱っている商品のほとんどが食料品の場合は、198頁および200頁の『消費税』の金額に0.8を掛けた個人にかかる税金を、欄外に※で入れてあるので参考にしてください。

　雑貨屋の場合、店舗を構えるための経費はもちろん、何よりも仕入れにコストがかかります。人件費の負担もバカにならないので、ある程度の売上規模にならないと法人化するメリットは出てきません。ネットショップであれば店舗を構えないので、その分の経費はかかりませんが、SEOやリスティングなど別のコストがかかります。

　消費税を簡易課税で計算する場合は「小売業」に該当するので、みなし仕入れ率は80％で計算します。

個 経費の計算方法

　次頁の表の真ん中の欄が、個人事業の場合の税金計算です。売上は3,000万円（消費税を加えて3,300万円になっています）ですが、経費は商品の仕入代金で、売上の60％かかる設定です。そのほか人件費や店舗にかかる経費も、売上の2割かかる設定になっています。

　妻に対して専従者給与を102万円支払っているので、妻は扶養には入っていません。**個人事業者は、家族に専従者給与を支払うと、その金額が少なくても扶養家族にできないからです。**

　自宅は事務所として使用しているので、利息や固定資産税の一部を、16万8,000円計上しています。個人事業の場合、経費を事業用とプライベート用とに分けて考えなければなりません。そこで、**打ちあわせの飲食費については、年間72万円のうち3割を個人消費として自己否認**しています。**自動車にかかる維持費は、年間36万円のうち3割を自己否認**しています。

会 経費の計算方法

　表の右の欄が、会社にした場合のシミュレーションです。代表者に対する役員報酬は、会社が赤字にならないぎりぎりで計算したところ、年間324万円となっています。

　妻は、事業を手伝っているので個人事業と同じく、102万円の給与を払っています。**103万円までの給与なら、給与所得控除の55万円を引けるので、扶養家族にできます。**

食品をメインで売っている人は、欄外の「※」印の金額を参考にしてください

雑貨屋（3,000万円）	個人	法人
商品売上	3,300万円	3,300万円
商品仕入	1,980万円	1,980万円
給与（事業主）	－	324万円
給与（妻）	－	102万円
専従者給与	102万円	－
消費税	※60万円	0円
経費計	2,886万円	3,296万円
法人税等	－	8万円
事業税	3万4,500円	－
事業主所得税	19万8,000円	9万5,000円
事業主住民税	30万5,500円	20万円
妻所得税	0円	0円
妻住民税	5,000円	5,000円
税金　計	Ⓐ 114万3,000円	Ⓑ 38万円
経費増加分		Ⓒ 20万円
節税額 Ⓐ － Ⓑ － Ⓒ		56万3,000円

※ 食料品店の場合は、消費税48万円、Ⓐの額は102万3,000円
　 節税額は44万3,000円

個 税金の計算方法

　個人事業の場合、事業主にかかる所得税19万8,000円に、住民税30万5,500円と事業税3万4,500円および妻にかかる住民税の均等割5,000円を合計すると、**54万3,000円が年間で支払う税金**です。

　さらに、2年前の売上が1,000万円を超えているという前提で、消費税もかかります。**消費税は簡易課税を選択しているので、みなし仕入れ率は「小売業」が適用され、80％になります。**納付すべき消費税を計算すると60万円です。**すべての税金を合計すると年間114万3,000円**になります。

会 税金の計算方法

　会社の場合、**経費に税理士報酬や登記料などのコストアップに20万円**Ⓒ を見込んで計上しています。

　交際費は、年間支出額の72万円の全額を経費にしています。**自動車は会社名義なので、36万円の全額が経費です。** そのほか、**会社で契約した生命保険料を36万円計上してあります。** また、**家賃を夫に支払っています。**

　会社にかかる税金は、法人税や地方税の合計が8万円です。

　さらに、個人にかかる所得税と住民税も計算します。個人には、会社からの給与所得と家賃収入にかかる税金が発生します。給与については給与所得控除を考慮して、社長にかかる所得税が9万5,000円、住民税が20万円および妻にかかる均等割5,000円を**すべて合計して、年間38万円となります。**

Answer!

　設立1期目なので、消費税はかかりません。税金のメリットとコストアップのデメリット分を考慮しても、会社にしたほうが年間で56万3,000円節約できることになります。会社設立にかかる費用を考えても、このあたりで法人化を検討していくといいのではないでしょうか。

⚠ 年間売上額が3,500万円 ＋ パターン②

前提条件 パターン②

・配偶者あり
　（年間180万円の給与収入があるので、扶養家族には該当しない）
・子どもなし
・自宅（夫と妻が半分ずつ共有）の一部を事務所として使用

　売上が3,500万円（消費税込み3,850万円）の場合も、さまざまな前提条件は パターン① と一緒です。違うのは、妻がほかの会社で働いているということです。**個人事業だと妻に専従者給与を支払うことができませんが、会社にすると役員報酬という形で妻にも給与を支払うことができます。自宅を事務所にしているので、会社の場合は事業主と配偶者それぞれに対して家賃を支払うことができます。** また個人事業の場合には、打ちあわせの飲食費と自動車にかかる維持費を3割否認して計算しています。

雑貨屋（3,500万円）	個人	法人
商品売上	3,850万円	3,850万円
商品仕入	2,310万円	2,310万円
給与（事業主）	－	324万円
給与（妻）	－	120万円
専従者給与	0円	－
消費税	※70万円	0円
経費計	3,276万円	3,844万4,000円
法人税等	－	8万4,000円
事業税	11万4,500円	－
事業主所得税	48万9,200円	9万7,200円
事業主住民税	45万7,500円	19万9,400円
妻所得税	3万円	8万8,800円
妻住民税	6万5,000円	18万2,600円
税金　計	Ⓐ 185万6,200円	Ⓑ 65万2,000円
経費増加分		Ⓒ 30万円
節税額 Ⓐ － Ⓑ － Ⓒ		90万4,200円

※ 食料品店の場合は消費税56万円、Ⓐの金額は171万6,200円
節税額は76万4,200円

個 税金の計算方法

　個人事業の場合、事業主にかかる所得税は48万9,200円。住民税45万7,500円、事業税11万4,500円を合計すると106万1,200円になります。妻は扶養の枠を超えて働いているので、所得税と住民税をあわせて9万5,000円の納付が発生しています。世帯合計で考えると、1年間で合計115万6,200円の税金を負担していることになります。

　これに消費税を足します。**消費税は簡易課税を選択しているので「小売業」が適用され、みなし仕入れ率は80%**になります。納付すべき消費税は70万円で、**すべての税金を合計すると年間185万6,200円の税金**になります。

🈺 税金の計算方法

　会社の場合、**経費に税理士報酬や登記料などのコストアップに30万円を見込んで計上しています**。

　交際費は、年間支出額の120万円の全額を経費にしています。自動車は会社名義なので、60万円の全額が経費です。そのほか、会社で契約した生命保険料を60万円計上しています。また、**家賃を夫と妻に支払っています**。

　税金は、会社にかかる法人税などが8万4,000円です。さらに、代表者の給与と家賃収入に対する税金を計算します。結果、代表者が負担する所得税と住民税の合計は29万6,600円になります。妻の税金は、2つの会社から給与収入があり、かつ家賃収入もあるので、所得税と住民税を合計して、27万1,400円になります。世帯全体で考えると、**年間65万2,000円の税金を負担するだけです**。

> 小売業だと、
> たくさん売上があっても、
> あまり利益が出ないのね…

Answer! 🔊

　コストアップを差し引いても、なんと年間90万4,200円の節税メリットがあります。消費税メリットは会社設立後2年間しかありませんが、設立当初は営業成績や資金繰りなど、なかなか思うようにいかないものです。会社経営を軌道に乗せるためにも、ここで節税メリットを最大限に生かして、すぐにでも会社設立を考えるときでしょう。

08

不動産業の場合
（みなし仕入れ率40％）

❗ 年間売上額が1,500万円 ➕ パターン❶

前提条件 **パターン❶**

・配偶者あり（妻は外で働いていない）

・子どもなし

・自宅（夫が100％所有）の一部を事務所として使用

　ひとくちに不動産業といっても、**貸室業、貸店舗、駐車場経営、ビルのオーナー、マンションのオーナー、不動産の管理業、仲介業、売買など規模も事業形態もさまざまです。**アパートやマンションオーナーの人は、居住用の賃貸料には消費税がかからない（ひと口メモ参照）ので、そもそも消費税を申告納税する必要がありません。不動産売買を主に行っている人も、土地の売買には消費税がかからないので、あまり消費税メリットを受けることはできません。ここでは、**不動産管理業や仲介業、また駐車場経営や小規模な事務所または店舗を貸しているケースを想定しています。**

　また賃貸収入を個人から会社に変更する方法としては、不動産の名義はそのままで不動産管理会社をつくる方法と、不動産を会社に現物出資したり譲渡したりして名義を会社に変更する方法とがあります。一般的に不動産名義を会社に変えたほうが節税メリットは大きくなります。しかし名義変更にあたっては一時的に譲渡所得が発生したり、登録免許税や鑑定評価の費用がかかるので、専門家に相談してシミュレーションしてもらうことをお勧めします。

個 経費の計算方法

　次頁の表の真ん中の欄が、個人事業の場合の税金計算です。売上は1,500万円（消費税を加えて1,650万円になっています）ですが、賃貸用不動産の原価として6割、諸経費が15％程度かかるという設定です。

　妻に対して専従者給与を102万円支払っているので、妻は扶養には入っていません。**個人事業者は、家族に専従者給与を支払うと、金額が少なくても扶養家族にできないからです。**

　自宅は事務所として使用しているので、利息や固定資産税の一部を、16万8,000円計上しています。個人事業の場合、経費を事業用とプライベート用とに分けて考えなければなりません。そこで、**打ちあわせの飲食費については、年間72万円のうち3割を個人消費として自己否認**しています。**自動車にかかる維持費は、年間36万円のうち3割を自己否認**しています。

会 経費の計算方法

　表の右の欄が、会社にした場合のシミュレーションです。代表者に対する役員報酬は、会社が赤字にならないぎりぎりで計算したところ、年間540万円となっています。

　妻は、事業を手伝っているので個人事業と同じく、102万円の給与を払っています。**103万円までの給与なら、給与所得控除の55万円を引けるので、扶養家族にできます。**

ひと口メモ ✏️　消費税がかからない事業の例

- 土地の譲渡や貸し付け
- 居住用住宅の貸し付け
- 有価証券やプリペイドカードなどの譲渡
- 社会保険医療の給付
- 介護保険や社会福祉事業などによるサービスの提供
- 車いすなど身体障害者用物品の譲渡や貸付け、製作など

不動産業（1,500万円）	個人	法人
不動産仲介売上	825万円	825万円
不動産賃貸売上	825万円	825万円
不動産賃貸料原価	495万円	495万円
給与（事業主）	−	540万円
給与（妻）	−	102万円
専従者給与	102万円	−
消費税	**90万円**	0円
経費計	1,026万9,000円	1,625万3,000円
法人税等	−	**13万1,700円**
事業税	**13万9,000円**	−
事業主所得税	**56万900円**	**29万900円**
事業主住民税	**50万4,200円**	**38万3,100円**
妻所得税	**0円**	**0円**
妻住民税	**5,000円**	**5,000円**
税金　計	Ⓐ 210万9,100円	Ⓑ 81万700円
経費増加分		Ⓒ 20万円
節税額 Ⓐ − Ⓑ − Ⓒ		109万8,400円

㊞ 税金の計算方法

　不動産業のうち、売買や賃貸の仲介料売上が50%、自分で所有している
アパートなど賃貸物件の家賃収入が50%という設定になっています。仲
介売上にかかる原価はありません。

　個人事業の場合、事業主にかかる所得税56万900円に、住民税50万4,200
円と事業税13万9,000円および妻にかかる住民税の均等割5,000円を合計
すると、**120万9,100円が年間で支払う税金**です。

　さらに、2年前の売上が1,000万円を超えているという前提で、消費税
もかかります。**消費税は簡易課税を選択しているので、みなし仕入れ率は
40%です。納付すべき消費税を計算すると90万円になります。すべての
税金を合計すると年間210万9,100円**になります。

会 税金の計算方法

　会社の場合、**経費に税理士報酬や登記料などのコストアップに20万円** ◎ **を見込んで計上**しています。

　交際費は年間支出額の72万円の全額を経費にしています。自動車は会社名義なので、36万円の全額が経費です。そのほか、会社で契約した生命保険料を36万円計上してあります。また、**家賃を夫に支払っています。**

　会社にかかる税金は、法人税や地方税の合計が、13万1,700円です。

　さらに、個人にかかる所得税と住民税も計算します。個人には、会社からの給与所得と家賃収入にかかる税金が発生します。給与については給与所得控除を考慮して、社長にかかる所得税が29万900円、住民税が38万3,100円および妻にかかる均等割5,000円を**すべての税金を合計すると年間81万700円**となります。

Answer! 🔊

設立1期目なので、消費税はかかりません。税金のメリットとコストアップのデメリット分を考慮しても、会社にしたほうが年間で109万8,400円節約できることになります。不動産の場合は、設立費用のほかに別途不動産を会社名義にするためのコストもかかりますが、このあたりで法人化を検討していくといいのではないでしょうか。

! 年間売上額が2,000万円 ＋ パターン❷

前提条件　パターン❷

・配偶者あり
　（年間180万円の給与収入があるので、扶養家族には該当しない）

・子どもなし

・自宅（夫と妻が半分ずつ共有）の一部を事務所として使用

　売上が2,000万円（消費税込み2,200万円）の場合も、さまざまな前提

条件は パターン❶ と一緒です。違うのは、妻がほかの会社で働いている
ことです。**個人事業だと妻に専従者給与を支払うことができませんが、会
社にすると役員報酬という形で、妻にも給与を支払うことができます。自
宅を事務所にしているので、会社の場合は事業主と配偶者それぞれに対し
て家賃を支払うことができます。**また個人事業の場合には、打ちあわせの
飲食費と自動車にかかる維持費を、3割否認して計算しています。

不動産業（2,200万円）	個人	法人
不動産仲介売上	1,100万円	1,100万円
不動産賃貸売上	1,100万円	1,100万円
不動産賃貸料の原価	660万円	660万円
給与 (事業主)	−	720万円
給与 (妻)	−	120万円
専従者給与	0円	−
消費税	120万円	0円
経費計	1,252万8,000円	2,172万円
法人税等	−	14万円
事業税	30万1,100円	−
事業主所得税	120万8,800円	58万7,700円
事業主住民税	81万2,000円	51万2,600円
妻所得税	3万円	8万8,800円
妻住民税	6万5,000円	18万2,600円
税 金 計	Ⓐ 361万6,900円	Ⓑ 151万1,700円
経費増加分		Ⓒ 30万円
節税額 Ⓐ − Ⓑ − Ⓒ		180万5,200円

個 税金の計算方法

　個人事業の場合、事業主にかかる所得税120万8,800円と住民税81万
2,000円、事業税30万1,100円の合計金額は232万1,900円です。妻は扶
養の枠を超えて働いているので、所得税と住民税をあわせて9万5,000円
の納付が発生しています。世帯合計で考えると、1年間で合計241万6,900
円の税金を負担していることになります。

これに消費税を足します。**消費税は簡易課税を選択しているので「不動産業」が適用され、みなし仕入れ率は40％**になります。納付すべき消費税は120万円で、**すべての税金を合計すると年間361万6,900円納めている**計算になります。

🈟 税金の計算方法

　会社の場合、**経費に税理士報酬や登記料などのコストアップ分として、30万円 🄲 を見込んで計上**しています。

　交際費は、年間支出額の120万円の全額を経費算入しています。自動車は会社名義なので、60万円の全額が経費です。そのほか、会社で契約した生命保険料を60万円計上しています。また、**家賃を夫と妻に支払って**います。

　税金は、会社にかかる法人税などが14万円です。さらに、代表者の給与と家賃収入に対する税金を計算します。結果、代表者が負担する所得税58万7,700円と住民税51万2,600円の合計は、110万,300円になります。妻の税金は、2つの会社から給与収入があり、かつ家賃収入もあるので、所得税8万8,800円と住民税18万2,600円を合計して、27万1,400円になります。世帯全体で考えると、**年間151万1,700円の税金を負担するだけ**ですみます。

こんなに節税メリットがあるなんてビックリ！！

Answer! 📶

　コストアップを差し引いても、なんと年間180万5,200円の節税メリットがあることになります。消費税メリットは会社設立後2年間しかありませんが、設立当初は営業成績や資金繰りなど、なかなか思うようにいかないものです。また不動産の場合は、設立費用のほかに別途不動産を会社名義にするためのコストもかかるので、節税メリットを最大限に生かして会社設立を考えるときでしょう。

［起業のファイナンス］
運転資金は、どうやって集めるの？

　この本の読者のみなさんは、法人の設立を検討中という人がほとんどでしょう。

　今まで会社勤めをしていたけれど、そろそろ会社をつくって独立しようかなーとか、個人事業主としてやってきたけど、売上が伸びてきたから、ここで法人化してさらに事業を拡大したいなーなど。

　今は、スピードが命です。よいアイデアを思いついた、事業拡大のための人脈に巡りあえたなど、目の前にチャンスがやってきたら、躊躇している暇はありません。「幸運の女神には前髪しかない」といわれるのは、今も昔も変わりはありませんが、今は女神さま自体が、すごいスピードで駆け去っていくので、まごまごしていると、あっという間にビジネスチャンスは消滅してしまいます。新しいと思ったアイデアは、いつの間にかほかの誰かが形にして、悔しい思いをする羽目になってしまうのです。

　とはいえ会社をつくるには、ある程度のまとまった資金は必要です。飲食店や雑貨屋のように設備資金が必要な業種はもちろんのこと、設備投資のいらないサービス業でも、事業を軌道に乗せてさらに発展させるためには、運転資金がなければやりたいことを実現することはできません。

　資金調達の方法としては、下記7つの方法が考えられます。しかしコネも実績もないスタートアップの起業家にとっては、会社員時代に貯めた預貯金をはき出すか、金融機関から借りるのが現実的でしょう。しかしあたりまえですが、銀行から借りたお金は何年もかけて返済していかなければなりません。補助金の申請は時間もかかり、確実にもらえるという保証もありません。

　この章で紹介している「消費税のしくみを利用した節税メリット」は、誰でも簡単に資金を調達できる魔法のランプです。小さな起業家のファイナンスとして、ぜひ役立ててください。

●資金調達の方法

1	会社員（個人事業）時代に貯めた自己資金を使う
2	親や配偶者など家族から借りる
3	エンジェル投資家から出資してもらう
4	助成金や補助金を申請する
5	日本政策金融公庫など金融機関から借りる
6	クラウドファンディングを利用して集金する
7	会社で儲けて、自己資金を増やす

第 4 章

会社をつくる前に知っておくことやっておくこと

　ここからは、よし、会社をつくろう！と決心した人のための章です。

　会社をつくるのは、想像以上に簡単です。必要な書類は、ネットや文房具店で購入できるし、費用は 20 万円程度あれば大丈夫です。誰だって、3 週間あれば会社はできちゃいます。

　だからこそ、まずは落ち着いて足元を固めましょう。

　この章では、許認可や補助金など、登記の前に最低限、チェックしておきたい事柄についてお話しします。

01 まず最初に決めておくこと

どんな会社を
つくりたいですか？

❶ 会社は簡単につくれてしまう

　会社をつくるのは、みなさんが想像するほど難しいことではありません。**必要な書類をつくって、自分の預金口座に資本金を払い込み、法務局に届け出るだけ**です。会社をつくるなんて、普通の人は、一生に1度か、せいぜい2、3度ぐらいのことです。会社法に規定されている難しい文言の意味を一生懸命覚えても、次に活用できる機会はほとんどありません。

　最近は書類のひな型もインターネットに出回っているので、ダウンロードして購入することができます。紙の書式も大手の文房具屋で日本法令様式などを買い求めることができます。

　自分の会社に固有の情報、たとえば会社の名前とか、住所、目的、資本金の額などを書けば、定款など必要書類を作成することができます。

❷ あなたが会社をつくる目的は、
　何ですか？

　単純に節税したいという人、会社でないと大手の取引先が口座を開いてくれないという人、なんとなく会社のほうがカッコいいと思っている人、事業とプライベートを区別したいからという人、会社のほうが融資を受けやすいからという人、仲間と共同で事業をはじめるからという人、第三者からの出資を受けるためという人など、理由はさまざまでしょう。

　エンジェル投資家から多額の出資を受けたいとか、仲間と共同で起業したいなど、目的によっては会社の組織が複雑になります。そうなったら、形式的に登記さえできればいいというわけにはいきません。どんな形で資

本金を集めるべきか、将来の資本政策を考えたり、役員構成を検討したり、定款の内容を吟味したり、会社法についてきちんと勉強しておかないとあとで取り返しのつかないことになりかねません。

こういった高度なテクニックが必要な場合は、自分で会社をつくろうなどとせず、司法書士などの専門家に相談して、最初から将来のビジョンにあった会社組織の設計をすることをお勧めします。

株式会社は本来、経営と資本が分離しているのが原則です。資本金を出す人と経営する人（＝役員）が別々ということは、お互いに権利や義務が相反する場面が出てきます。たとえば赤字が続いているにもかかわらず、役員が高額な報酬を取ったり、高額な社宅を借りたりしていると、株主としては黙って見すごすわけにはいきません。万が一、**役員と株主の間に争いが発生したときには、「会社法」という法律が重要になってくる**のです。

しかし、あなたがあなたのお金を出資して役員になった会社を運営しているかぎり、会社法で想定されているトラブルは起きるはずがありません。どんなタイプの株式を発行すべきか、取締役会をつくるべきか、監査役を置くべきかなど、いっさい検討する必要がないのです。

会社法のプロやコンサルタントでもないかぎり、自分の会社に関係のない会社法の知識は必要ありません。必要なのは、会社を「登記」するために最低限知っておかなければならない知識です。そして、その知識は会社さえ登記してしまえば、その瞬間忘れてしまってもよいものです。

この本では、難しい会社法の話は一切するつもりはありません。「最もシンプルな」会社をつくるために、最低限知っておくべき情報だけをお話しします。

最もシンプルな会社とは、株主と役員が同じ会社です。役員もあなた1人、または家族以外に役員がいない会社のことです。

では早速、会社をつくりましょう！　と言いたいところですが、ちょっと待ってください。会社をつくる前に、これだけは見ておきたい「チェック事項」について、次節から見ていきましょう。

211

許認可が必要か確認する

❶ 事業目的を登記すれば どんな営業もできるわけではありません

　会社は定款に、「飲食店を経営します」とか、「ホームページをつくります」とか、事業目的を書けばどんな事業を行うこともできます。しかしこれは「会社法」という法律の話です。

　日本には会社法以外にもたくさんの法律があり、会社の営業に「待った」をかける人がいます。いわゆる「行政」といわれるお役所の人たちです。

　旅行代理店や人材派遣業、食品の販売など、「行政官庁」の許認可を得なければ営業できない事業は実にたくさんあるので注意してください。うっかり許認可を取得しないで事業をはじめてしまうと、あとで営業停止といった恐ろしい「**行政処分**」になりかねません。これはリアル店舗を持たずにネットで商売する場合もまったく同じです。

　許認可という「規制」は、事業者に一定レベルの品質を確保させたり、ユーザーを守ったりするためのものです。まずは、これからはじめようとする事業に、許認可がいるのかいらないのかを調べましょう。

❷ 実際に許認可が必要かどうか調べてみよう

　ひと言で許認可といっても、役所へ届け出さえすればよいもの、申請書を提出して行政官庁の審査を受けて「許認可」されるもの、一定の資格がある人にだけ免許が与えられるものなどマチマチです。

　これからはじめようとしている事業に許認可が必要かどうかは、インターネットで検索すればすぐにわかります。検索エンジンで「○○業　許認可」と検索してみれば、たくさんの情報が出てきます。

　許認可が必要だとわかったら、次にあなたのビジネスインフラが許認可の条件を満たしているかどうかを確認しましょう。ビジネスインフラというと難しく聞こえますが、会社の業務に必要な条件のことです。たとえば「資格」です。

　仮に「一定以上の経験や免許を持った管理者」が必要だとしたら、あなた自身がその資格を取得するか、条件にあった人を採用するしかありません。講習を受けるだけで取得できる資格もありますが、肝心の講習も毎日行われているわけではないので、会社をつくろうと思ったらすぐに調べておきましょう。

　「申請はしたけれど認可がおりなかった」など、最悪の事態にならないよう手持ちのリソースが許認可の条件にあっているか、条件を満たすために、あと何が必要なのか、個人事業時代の許認可がスライドして使えるのかなど、事前に管轄している役所に直接行って相談するのが1番です。

❸「許可」や「免許」は、すぐに取得できない？

　場合によっては役所に申請したあと、書類審査だけでなく、実地調査が行われることがあります。時期によっては、申請件数が多いなどの理由で、正式な許可通知が届くまで、2カ月から3カ月程度かかるのも珍しいことではありません。**正式な許可証が届くまでは営業をはじめることができないので、会社をつくる前に肝心な許認可について早めに準備しておくことが大切**です。

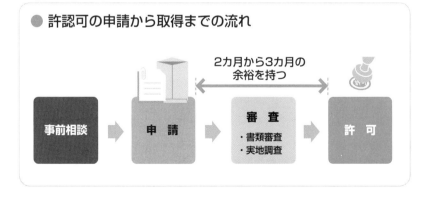

● 許認可の申請から取得までの流れ

2カ月から3カ月の余裕を持つ

事前相談 → 申　請 → 審　査 ・書類審査 ・実地調査 → 許　可

補助金や助成金の検討を しよう

❶ 起業するとなったら、 やはり必要になるのが「資金」

　ここでいう「資金」とは、登記のための「資本金」とは違います。法務局に登記するだけなら、「資本金」は1円でもつくれますが、現実的に1円で会社ははじめられません。自分はカフェで仕事できるノマドワーカーだから、パソコンひとつあれば資金はいらないという人でも、会社をつくるだけで最低20万円はかかるからです。

　起業は厳しい世界です。最初から予定どおりに売上が確保できるとはかぎりません。また日本では信用取引といって、商品を売ったりサービスを提供したあとで売上が入金されるのが普通です。**場合によっては入金まで2カ月も3カ月もかかることがあります。その間の運転資金を用意しておかないと、自分の給料さえ満足に払えなくなってしまいます。**もちろん飲食店のようにお店を構えたり、最初から商品をそろえておかないと商売がはじめられない業種は、スタート時点でたくさんの資金が必要になります。

❷ 足りないお金は、補助金・助成金・銀行融資

　しかし、これらの資金を自力で貯めてから会社をはじめると、起業のアイデアが色褪せたり、せっかくのビジネスチャンスを逃がしてしまいます。足りない資金は金融機関から借りたり、**「補助金」**や**「助成金」**をもらえないか検討しましょう。起業時にどうやって資金調達するかは、拙著「創業融資と補助金を引き出す本」（ソーテック社）に詳しく書いたので、具体的なノウハウはそちらを参考にしてください。

　なんといっても、補助金や助成金の最大のメリットは、融資と違って、返さなくてもよいお金だということです。

　では、創業補助金200万円を受け取った場合のインパクトを考えてみましょう。あなたがつくろうとしている小さな会社の利益率は、平均5％ぐらいです。返さなくてよい現金200万円がどれだけの価値があるか計算してみましょう。計算式は簡単で、「200万円 ÷ 0.05 ＝ 4,000万円」となります。これだけでは少しわかりにくいかと思うので、もう少し砕いていうと、手元に200万円の現金を残すためには、4,000万円の売上をあげなくてはいけないということです。つまり、**創業補助金200万円を受け取るということは、4,000万円の売上をあげるのと同じ効果がある**ということです。どうですか？　驚きですよね。補助金や助成金は、自己資金に余裕のない人にとって、これ以上にない強い味方です。起業直後で経営が不安定な時期に、これを利用しない手はありません。

❸「助成金」と「補助金」って何？

　補助金と助成金は何が違うのかというと、管轄する役所が違うだけでなく、手続きもかなり異なるので、簡単にお話ししておきます。

　助成金とは、雇用を促進するために国が給料の一部などを負担してくれる制度です。主に厚生労働省が管轄しています。条件さえ満たせば、会社の規模や業種に関係なく誰でも受けられるのがメリットです。逆にいえば、たったひとつでも条件を満たせなければ1円ももらうことができません。

　一方、**補助金とは経済産業省や中小企業庁が管轄するもので、新しい技術を開発したり、独創的なアイデアを考え出した会社を支援しようというもの**です。補助金は公募が原則なので、応募した人全員がもらえるというわけではありません。

❹「助成金」と「補助金」の注意点

　いいこと尽くめのように聞こえますが、注意が必要です。それはほとんどの助成金・補助金は「支払ったあとで助成される」点と、決して「全額が補てんされるわけではない」という点です。つまり**助成金や補助金をもらうためには、あらかじめ対象となる経費を支払う分の自己資金を用意しておかなければならない**のです。いくら補助金がもらえるからといって、自己資金なしで起業できるほど甘くはないということです。

スケジュールを頭に入れておく

会社ができるまでの
大まかな流れを知ろう

⚠ 会社設立の流れとやるべきことを
知っておこう

　それでは会社ができるまでの、大まかな流れを押さえておきましょう。
ここで説明するのは、先ほどお話ししたように、最も一般的で最もシンプ
ルな「**役員と株主が同じ**」という会社のつくり方です。

　まず「**❶ 会社の名前や住所など、会社の重要な事項**」を決めます。
　次に、「**❷ 個人の印鑑証明書**」を市区町村の役所に取りに行きます。ま
だ実印の印鑑登録をしていない人は、早めにすませておきましょう。
　会社の名前が決まったら、「**❸ 会社の代表印**」をつくります。登記の申
請書類などに、代表印を押して提出するためです。
　準備が整ったら、「**❹ 定款**」をつくり、「**❺ 公証役場で認証**」を受けます。
本店の場所と同じ都道府県なら、どこの公証役場でも受けつけてくれます。
　定款の認証が終わったら、資本金として用意した「**❻ お金を自分の口
座に振り込み**」ます。
　次に「**❼ 登記書類**」を用意して、管轄する法務局の窓口で「**❽ 登記の
申請**」をします。どこの法務局に行けばよいかは、次のURLで探せます。

　● 全国法務局所在地一覧
　　http://houmukyoku.moj.go.jp/homu/static/kankatsu_index.html

　**法務局に申請をした日が会社の設立日になるので、いつ書類を出しにい
くかは意外に重要なポイント**です。
　法務局に提出後、書類に不備がなければ、1週間程度で「**❾ 登記が完了**」
します。登記が完了したら、「**❿ 登記事項証明書**」を取得します。同時に

会社の実印を登録し、「⑩ **印鑑証明書**」を取得して、いよいよ起業のスタートです。

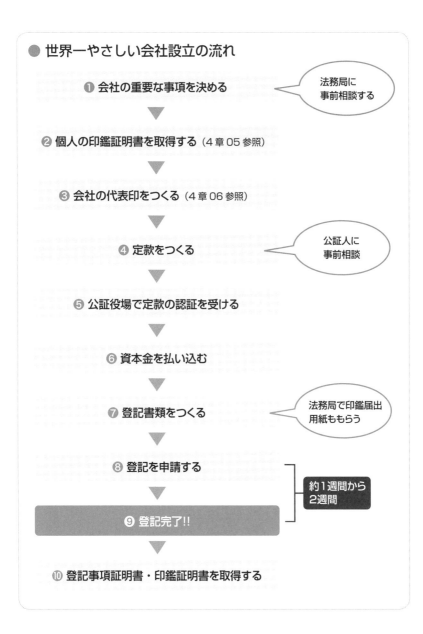

● 世界一やさしい会社設立の流れ

❶ 会社の重要な事項を決める

　　法務局に
　　事前相談する

❷ 個人の印鑑証明書を取得する（4章 05 参照）

❸ 会社の代表印をつくる（4章 06 参照）

❹ 定款をつくる

　　公証人に
　　事前相談

❺ 公証役場で定款の認証を受ける

❻ 資本金を払い込む

❼ 登記書類をつくる

　　法務局で印鑑届出
　　用紙ももらう

❽ 登記を申請する

❾ 登記完了!!

約1週間から
2週間

⑩ 登記事項証明書・印鑑証明書を取得する

個人の印鑑証明書を取る

❶ 会社設立の書類をつくるときに
個人の印鑑証明書は必須

　発起人（最初の株主）や取締役になる人は、定款や登記用の書類に、個人の実印を押印しなければなりません。**誰が出資するか、役員になるかが決まったら、真っ先に個人の「印鑑証明書」を取得しましょう。**登記用の書類を作成するとき、発起人や代表取締役の住所は、住民票どおりに記載しなければならないからです。

❷ 個人の実印って何？

　個人の実印とは、住民登録している市区町村に登録されている印鑑のことをいいます。実印を登録していない場合は、今すぐに登録をすませておきましょう。
　実印を登録するためには、まず実印用の印鑑をつくります。**実印は、偽造されにくいよう、オーダーメードでフルネームの複雑な字体を彫ってもらうのがお勧めです（大きさや材質は市区町村によって規定があります）。**女性は苗字が変わる可能性があるので、名前だけの実印にしておくのもひとつの方法です。

❸ 個人の実印の登録方法

　実印を登録するためには、住民票の所在地の役所の窓口に、登録予定の印鑑とパスポートや免許証など、本人確認のための書類を持参します。本人確認のために必要な書類は役所によって違うので、あらかじめ電話で確認してから出かけましょう。登録費用は自治体にもよりますが、大体100

円から400円程度です。

実印を登録したら、市区町村から個人の「**印鑑証明書**」を発行してもらいます。印鑑証明書とは、地方自治体が、その印鑑が本当にあなたのものだと公に証明してくれるものです。

印鑑証明書は、実印登録時に市区町村から発行された「印鑑登録カード」を提示して、市区町村の窓口に申請して取得します。印鑑登録カードや住基カードを使って、自動交付機で取得できる役所もあります。

● 個人の印鑑証明書例

印鑑登録証明書

氏名	夏目 太一	
生年月日	昭和○○年 ○○月○○日	
住所	東京都豊島区長崎○丁目○番○号	

この写しは、登録された陰影と相違ないことを証明します。

令和○○年 ○○月○○日

○○区長 ○○○○

❹ 会社設立時に印鑑証明書が必要な人と有効期限

印鑑証明書が必要な人は、発起人と取締役（取締役会を設置する場合は代表取締役）です。1人の人が、発起人と（代表）取締役を兼ねる場合でも、発起人として1通、（代表）取締役として1通、合計2通を用意しなければなりません。既存の会社が発起人になる場合は、印鑑証明書だけでなく、会社の登記事項証明書も必要です。

印鑑証明書の有効期限は、発行日から**3カ月以内**と決まっているので、注意しましょう。

会社の印鑑をつくる

❶ 会社の印鑑は3つつくります

会社をつくると、通常、次の3つの印鑑が必要になります。

❶ 代表取締役印
❷ 銀行印
❸ 認印

❷ 会社の代表印（実印）

代表取締役印は登記の申請と同時に、実印として法務局に登録します。作成には1週間程度かかるので、会社の名前が決まったら早めにつくっておきましょう。代表印は二重丸の外側に会社の名前を、内側には「代表取締役之印」と彫るのが一般的です。

● 会社の実印例

会社の名前

代表取締役之印

・3cm四方の正方形内に収まり、直径1.4cm以上の大きさのもの
・直径1.6～2.1cm程度の丸型が一般的（形にルールはないので、楕円や四角でもかまいません）
・ゴムのようなやわらかい素材、劣化しやすい素材は使えない

　会社の代表印はそのまま実印になります。材質や大きさに、一定の制限（前頁図参照）はありますが、代表取締役の文言が入ってなければならないなどの規制はありません。代表印の作成が間にあわないときや、少しでもコストを削減したい場合は、材質と大きさをクリアしていれば個人の実印を代表印として登録することも可能です。

　また、1度実印として登録した印鑑を、あとで別の印鑑に変更することもできます。

❸ 会社の銀行印

　銀行印は登記が終わったあと、銀行口座を開設するときに銀行に届け出る印鑑です。代表印と同じように、二重丸の外側に会社名を、内側に「銀行之印」と彫るのが一般的ですが、個人の認印を会社の銀行印として使用することもできます。

　代表取締役のあなたが、自分で通帳の管理をしている場合は、代表印をそのまま銀行印として使ってもかまいません。第三者を経理スタッフとして雇う予定があるなら、代表印（実印）とは別に銀行印をつくりましょう。

● 会社の銀行印例

会社の名前

銀行之印

・大きさに決まりはない
・一般的には、代表取締役印よりひと回り小さくつくることが多い

❹ 会社の認印

　認め印は、通常は四角い印鑑にすることが多いので、角印とも呼ばれま

す。領収書や請求書などを発行するとき、その書類がオリジナルであること
とを証明するために、住所や社名にかぶせて押印します。

● 会社の角印例

会社の名前
之印

・大きさに決まりはない
・領収書や請求書に押印することが多いので、2cm 四方ぐらいの物が使いやすい

❺ 会社のゴム印

　そのほか、会社の名前や住所、代表者の氏名、電話番号、FAX 番号、Ｅメールアドレスやホームページのアドレスなどを入れたゴム印も同時につくっておくと便利です。

● 会社のゴム印例

東京都千代田区飯田橋○丁目○番○号
株 式 会 社 ソ ー テ ッ ク ス
代 表 取 締 役 　夏 目 太 一
TEL：03-0000-0000　FAX：03-0000-0000
e-Mail：xxxxx@000　HP：http://0000co.jp/

　会社設立セットとうたって、これらの印鑑をまとめて売っているはんこ
屋さんもありますし、ネットで「会社　印鑑」と検索すれば、販売しているお店がたくさん見つかります。

世界一やさしい会社のつくり方

お待たせしました。いよいよ、世界一シンプルな会社のつくり方を説明します。

株主はあなたと妻の2人だけ、役員はあなた1人だけです。この会社には取締役会もないし監査役もいません。

資本金は車など現物で出資もできますが、ここでは現金で払い込んだ場合のみを想定しています。株式も普通株式しか発行しません。

定款は絶対に記載しなくてはならない事項のほか、決算期など、これだけは入れておきたいという一般的なサンプルとなっています。青字の個所だけ、あなたの会社の情報に置きかえれば大丈夫です。

本店の所在地は最少行政区までしか定款に記載しないのが一般的なので、代わりに「発起人決定書」という書類を作成します。

登記が終わったら税務署などへの手続きをすませます。そして銀行口座を開設すれば、いよいよビジネスがスタートです！

個人事業主の人は、個人事業最後の届出や申告も忘れないように気をつけましょう。

01 会社をつくるために決めること

決めるのは、「あなた」

❶ 自分が株主（発起人）で取締役なら 何でも自分で決められる

会社をつくろうと言い出した人のことを「発起人」といいます。発起人は、自分でも出資をしなければならないので、会社の最初の株主になります。発起人の人数に制限はないので、もちろんあなたが1人で発起人になってもかまいません。

発起人の仕事は、定款をつくって、最初の資本金を集めることです。定款をつくるためには、会社の名前や住所（本店所在地）、誰を役員にするか、資本金をいくらにするかなど、設立のために重要な事柄を決めなければなりません。

発起人会で決めたことは、発起人決定書や発起人会議事録を作成して、そこに記載することになっているし、登記の本には必ず、それらの作成方法が説明してあります。しかし、実は発起人決定書や発起人会議事録をつくらなくても登記はできます。この本の読者は、発起人（最初の株主）であり、同時に取締役です。自分で決めて、自分で出資して、自分を役員に指名するのですから、書面が残っていなくても、誰からも文句を言われる筋あいはありません。発起人会で決めるべきことは、みなさんの頭の中で決めて、ノートかパソコンにメモしておけば十分です。

次節から発起人会で決めるべき事柄について具体的に見ていきますが、その前に「株式会社設立につき決める事項」をサラッと見ておいてください。これらは定款をつくるために、最低限必要なことばかりです。

❷ 資本金はどうやって集めるの？

資本金の集め方は、次の2種類があります。

① 発起設立：発起人だけが出資して会社を設立する方法
② 募集設立：発起人以外の人からも出資してもらう方法

　「募集設立」だと第三者からもお金を集めるため、銀行から「株式払込金保管証明書」を発行してもらうなど、厳格な手続きが要求されます。みなさんのように**小さな会社をつくる場合は、簡便な「発起設立」が一般的**です。本書は、発起設立を前提に説明していきます。

●「株式会社設立につき決める事項」例

株式会社設立につき決める事項

1　商号

株式会社ソーテックス

2　目的（事業目的）

1. インターネットウェブサイトの企画・デザインおよび制作
2. ホームページのシステムコンサルティング業
3. 飲食店の経営
4. 古物の売買
5. 前条各号に附帯する一切の事業

3　本店所在地

東京都千代田区飯田橋○丁目○番○号

（次頁に続く）

225

4 取締役・代表取締役・監査役の住所・氏名

取締役	住所　東京都豊島区長崎○丁目○番○号 氏名　夏目　太一
取締役	住所 　　　　　— 氏名
取締役	住所 　　　　　— 氏名
代表取締役	住所　東京都豊島区長崎○丁目○番○号 氏名　夏目　太一
監査役	住所 　　　　　— 氏名

5 取締役会を設置するか否か

　　　　　設置する　　　（設置しない）

6 監査役を設置するか否か（取締役会を設置する場合は必ず監査役を設置する）

　　　　　設置する　　　（設置しない）

7 取締役の任期　　| 10 |　　年（10年以内）

8 監査役の任期　　| — |　　年（10年以内）

9 資本金の額

| 300万円 |

10 設立に際して発行する株式の種類と株式数

　　　　（普通株式のみ）　　　種類株式を発行する

株式の種類	普通株式
1株あたりの発行価格	1万円
設立に際して発行する株式数	300株

11 設立に際して出資される財産の最低額

300万円

12 すべての株式に譲渡制限をつけるか否か

（譲渡制限する）　　　譲渡制限しない

譲渡を認める権限を持つ機関

代表取締役

13 発起人の氏名および引受株式数

発起人	住所　東京都豊島区長崎○丁目○番○号 氏名　夏目　太一 引き受ける株数　200株
発起人	住所　東京都豊島区長崎○丁目○番○号 氏名　夏目　なつき 引き受ける株数　100株

14 会社の発行可能株式総数

6,000株

15 決算期（月）　　3　　月

16 公告の方法

（官報）　　　日刊新聞　　　ホームページ（URL）

17 株券の発行

発行する　　（発行しない）

18 現物出資の有無

（現金出資のみ）　　　現物出資あり

会社の名前を決めよう

❶ 商号は自由に決められるけど、少しだけ制約がある

　会社の名前を「商号」といいます。私たち1人ひとりに名前があるように、会社も法務局に登記した商号が正式な名前になります。商号は自由に決めることができますが、次のような制限があるので気をつけてください。

　まず名前の前か後に、必ず「株式会社」という文言をつけます。（株）のような省略記号を使うことはできません。

　社名に使える文字は、ひらがな、カタカナ、漢字やアルファベット、数字のほか、「・」「.」「&」「,」「'」「-」の6種類の記号が使えます。絵文字や感嘆符などの記号はNGです。アルファベットだけの名前や数字だけの名前もOKです。スペースは、アルファベットを区切る場合にのみ使えます。

　ただし、**「〇〇事業部」や「〇〇営業部」のように、会社の一部門を表す言葉はダメ、銀行や信託以外の会社は、「銀行」「信託」という文言は使えないなどの制限がある**ので注意してください。

　また、同じ住所にまったく同じ商号の会社があると登記することができません。同一商号の会社は、法務局の「**商号調査簿**」をチェックすれば無料で確認できます。もしくは、これから登記する予定の商号と住所を使って登記事項証明書を法務局に申請したり、インターネットの登記情報提供サービス（http://www1.touki.or.jp/gateway.html）で調べたりすると、同じ名前の会社が存在するかどうかがわかります。

　商号調査の結果がOKでも、ソニーやGoogleなど、有名な会社やブランドの名前は勝手に使えません。「**不正競争防止法**」という法律で禁止されているからです。有名でなくても、その名前が商標登録されていたなんてこともあり得るので、念のため特許電子図書館（http://www2.ipdl.

inpit.go.jp/BE0/index.html）の「初心者検索」で調べておくと完璧です。

　名前が決まったら、会社の代表印を早めに注文しましょう（220頁参照）。

● 商号に使える文字の例

○	✕
株式会社ソーテックス	㈱ソーテックス
ソーテックス株式会社	株式会社ソーテックス！
株式会社　総鉄区酢	株式会社ソーテックス♪
株式会社そーてっくす	株式会社☆ソーテックス
株式会社SOTEKS	株式会社ソー…テックス
株式会社soteks	株式会社ソーテックス営業部
株式会社SO−TEK−S	株式会社ソーテックス銀行
株式会社S・O・T・E・K・S	
株式会社SO&TEKS	

❷ 社名を考えるときは、ネーミングの5Iにこだわる

　名は体を表すといいますが、会社にどんな名前をつけるか、悩ましいところですね。自分の名前を入れて、「株式会社夏目商店」とか「夏目コンサルティング株式会社」とする人もいますし、自分の想いを社名に込める人もいます。自分だけのオンリーワンの名前にこだわりたいという人は、「**ネーミングの5Iルール**」が参考になります。

　5つのIとは、「❶ IMPACT（インパクト）」「❷ INTEREST（興味）」「❸ INFORMATION（情報）」「❹ IMPULSION（促進）」「❺ IDEA（アイデア）」の頭文字を取ったもの。

　つまり、❶ **聞いた瞬間にインパクトがあって**、❷ **聞いた人が好奇心をそそられて**、❸ **どんな会社なのかの情報が含まれていて**、❹ **あなたの会社についてもっと知りたいと思わせる**、❺ **会社のコンセプトに合致した名前**なら、いうことなしというわけです。

会社の住所の決め方

❶ レンタルオフィスやシェアオフィスは登記できないこともある

　会社の住所を「**本店所在地**」といいます。「本店」とは、本社という意味ではありません。事務所や店舗、工場など、複数の事業所がある場合、どこを本店にするかは、会社の自由です。事業所とは別に、代表者の自宅を本店として登記する人もいます。会社は規模が大きくなると事業所を移転する可能性があるからです。移転のたびに本店所在地を変えると、登記の手数料もバカになりません。

　ただし賃貸物件に住んでいる人が自宅を本店として登記する場合は、居住用以外の利用ができない場合があるので注意です。あらかじめ「賃貸契約書」やマンションの「管理規約」を確認しておきましょう。

　賃貸物件を会社名義にすると、事業所としてだけでなく役員社宅としても経費にできるので（60頁参照）、節税効果はバツグンです。

　しかし、大家さんによっては新しく保証金などを請求される場合もあるので、今住んでいる物件は会社登記が可能か、会社名義にしたとき追加の支払いが発生しないのか、まずは不動産屋に相談するといいでしょう。

　流行りのバーチャルオフィスやシェアオフィスなどは、契約でその住所を本店として登記できないケースもあります。 登記はできても、シェアオフィスなどを本店にしていると、創業融資が受けられない可能性があります。特に地方自治体の制度融資を受けたいという場合は、その自治体内で活動を行っているかどうかの実態が確認できないからです。

　また最近は銀行口座開設の審査が厳しくなっていて、バーチャルオフィスを本店所在地にしていると、会社の銀行口座も開けないという事態にな

会社をつくる
メリットとデメリット

第1章

個人事業と会社組織は
どっちがお得？

第2章

事例に基づいて
税金を計算してみよう

第3章

会社をつくる前に
知っておくこととやっておくこと

第4章

世界一やさしい
会社のつくり方

第5章

りかねません。少し高くても、ワンルームマンションを借りたほうがいいという判断も必要です。契約を交わす前に、口座開設を予定している金融機関や地域の創業支援センター、日本政策金融公庫などに相談しましょう。

　本店所在地は、正式な住所として契約書などに記載されることになります。また法人税など税金を申告する納税地にもなります。地方自治体によって、事業税や法人住民税の税率が違ったり（165頁参照）、制度融資の条件にも差が出ます（165頁参照）。ホームページや会社案内、名刺にも本店所在地を記載することになるので、**地名の持つブランドイメージも大切**です。どこを本店所在地にするかで会社の将来像も変わってくるので、慎重に検討しましょう。

❷ 本店所在地はどこまで記載する？

　登記事項証明書には、何丁目何番地など地番までの情報が記載され、公開されます。ビルの名前や部屋番号まで記載するかどうかは、会社が自由に決めてかまいません。取引先や行政官庁などは、本店所在地の記載どおりに郵便物を送るのが一般的なので、郵便や宅急便が確実に届く程度に細かく登記するのがお勧めです。

　ビル名はオーナーが変わると変わってしまうので、登記事項証明書には記載しない人が多いようです。ちなみに登記後に本店登記の変更をすると、３万円もしくは６万円（法務局の管轄が変わる場合）の登録免許税がかかります。

● 本店所在地の記載例（いずれもOK）

東京都大田区南蒲田２丁目１６番２号　大樹生命ビル９０２号
東京都大田区南蒲田２丁目１６番２号　大樹生命ビル９階
東京都大田区南蒲田２丁目１６番２号　大樹生命ビル
東京都大田区南蒲田２丁目１６番２－９０２号
東京都大田区南蒲田２丁目１６番２号

会社の目的の決め方

❶ 将来を含めてやりたいことは「目的」に入れておく

「**目的**」とは、**会社が行う事業内容のこと**です。「目的」を見ると、会社が何をして儲けようとしているかがわかるというわけです。

個人事業と違って、**会社はあらかじめ定款で決めた「目的」以外の事業は行えません。**「目的」の数に上限はないので、将来やってみたいと思う事業があれば、最初から定款に書いておきましょう。会社をつくってから事業目的を追加すると、手続きも面倒なうえに、登記を変更するのにお金もかかります。

「目的」は、登記事項証明書にも記載されるので、誰でも閲覧することができます。通常、新規の取引先や金融機関は、まず登記事項証明書を取り寄せてあなたの会社を調べます。そのときあなたの会社がどんなビジネスをしている会社なのか、誰が見てもイメージできるよう具体的かつ明瞭な言葉で表現されていることが大切です。

どんな文言を使ったらいいかわからないという人は、インターネットで「会社　事業目的」と検索すると、法務局で登記されている事業目的をデータベース化したサンプル集が見つかります。その中で、自分の会社にぴったりの文言を選べばOKです。

❷ 「目的」を決めるときに注意すること

目的を決めるときは、次のことに注意してください。まず会社は社会的な存在なので、法律に違反したり、公序良俗に反するような事業を目的とすることはできません。ひとつずつの事業は適法でも、組みあわせて兼業

することが法律で禁じられているものもあります。また、会社は営利を目的とした組織なので、ボランティア活動や寄付などを目的とすることもできません。

これらに違反すると、登記申請をしたあとに法務局から補正（264頁参照）を命じられることがあります。公証役場や法務局の窓口で事前に相談しておくと安心です。

許認可が必要な事業を営む場合はさらに注意が必要です。それぞれの監督官庁にも、どういう文言を記載すべきかあらかじめ確認しておきましょう。表現方法が違うだけで許認可がおりない場合もあるからです。

また**将来やる可能性があるからと、許認可の必要な目的を載せる場合、その目的のための許認可を取得していないと銀行口座が開けないこともあります。**あらかじめ銀行の担当者に確認しておきましょう。

❸「目的」の書き方

目的が決まったら、ひとつずつ箇条書きにして、番号を振り、**最後に「前条各号に附帯する一切の事業」と記載しておく**のが、一般的です。

●「目的」の記載例

```
  2  目的（事業目的）

 1. インターネットウェブサイトの企画・デザインおよび制作
 2. ホームページのシステムコンサルティング業
 3. 飲食店の経営
 4. 古物の売買
 5. 前条各号に附帯する一切の事業
```

役員の決め方

❶ 取締役はあなた1人でいい

　取締役や監査役のことを、会社の「機関」といいます。取締役を何人にするか、取締役会を設置するか、監査役を設置するかなど会社の機関設計は、会社が自由に決めることができます。取締役は1名でも会社はつくれます。もちろん、あなた自身が「取締役」になります。

　この本の読者のみなさんなら、取締役会や監査役を置く必要はありません。**あなた1人または、あなたと配偶者が取締役になればOK**です。

　取締役会を設置するためには、最低でも取締役が3名必要です。また監査役も必要です。つまり取締役会を設置するためには、4人の登場人物が必要になります。しかし、会社の経営に携わらない人に名前だけ借りるのは大変ですし、厄介なことばかりです。会社をつくったあとも、取締役会議事録を作成する度に印鑑をもらいに行かなければなりません。いちいち面倒だからと勝手に他人の認印を押したりすると、あとでトラブルの原因になってしまいます。

❷ 取締役会を設置したほうがいいケース

　では、取締役会を設置したほうがよいケースとはどんな場合が考えられるのでしょうか。仲間と一緒に起業するという場合、取引先や以前の勤め先の上司などに役員に連なってもらうケースなどが考えられます。また大手企業と取引するためには、取締役会をつくってコンプライアンスのしっかりした会社だと見せる必要もあるでしょう。そういう場合は、司法書士などの専門家にキチンと相談して、ガバナンスのしっかりした定款を作成することをお勧めします。

取締役や監査役には任期があり、これらの任期も定款で決めておきます。取締役は原則2年、監査役は原則4年ですが、**読者のみなさんがつくる会社は譲渡制限会社（240頁参照）なので、迷わず1番長い10年にしておきます。**任期が切れると、同じ人が継続して役員を続ける場合でも役員の変更登記をしなければならないからです。自分の会社だからといって、あなたも任期が切れたら登記をし直さなければなりません。手続きが面倒だし、もちろん登記の都度、印紙代がかかります。ただし身内以外の人を役員にする場合、10年は長すぎます。10年の間には人間関係も変化するので、短い2年や長くても4年程度にしておくほうが無難でしょう。

❸ 代表取締役を決める

取締役会を置く場合はもちろん、置かない場合でも、取締役の中から代表者を1人決めます。取締役があなた1人だけの場合は、あなたが代表取締役ということになります。代表取締役は複数いてもかまわないのですが、そういう複雑な機関設計をする場合は専門家に相談しましょう。

●「役員」の記載例

<table>
<tr><td colspan="3">4　取締役・代表取締役・監査役の住所・氏名</td></tr>
<tr><td rowspan="2">取締役</td><td colspan="2">住所　東京都豊島区長崎○丁目○番○号</td></tr>
<tr><td colspan="2">氏名　夏目　太一</td></tr>
<tr><td rowspan="2">取締役</td><td>住所</td><td rowspan="2">—</td></tr>
<tr><td>氏名</td></tr>
<tr><td rowspan="2">取締役</td><td>住所</td><td rowspan="2">—</td></tr>
<tr><td>氏名</td></tr>
<tr><td rowspan="2">代表取締役</td><td colspan="2">住所　東京都豊島区長崎○丁目○番○号</td></tr>
<tr><td colspan="2">氏名　夏目　太一</td></tr>
<tr><td rowspan="2">監査役</td><td>住所</td><td rowspan="2">—</td></tr>
<tr><td>氏名</td></tr>
</table>

（次頁に続く） **235**

5 取締役会を設置するか否か

設置する 　　　（設置しない）

6 監査役を設置するか否か（取締役会を設置する場合は必ず監査役を設置する）

設置する 　　　（設置しない）

7 取締役の任期 | 10 | 年（10年以内）

8 監査役の任期 | － | 年（10年以内）

役員の重任登記

　役員の任期は、最長でも10年です。株主と取締役が同一である小さなオーナー会社の場合、リタイアでもしないかぎり代表取締役の変更は、現実的にはありません。

　しかしそういう場合でも、設立して10年後には役員の任期が切れてしまうので、役員の再登記が必要になります。

　任期満了にともない、同じ人がもう一度役員に選ばれることを、「重任」といいます。選ぶ人は、もちろん株主であるあなたです。

　無駄な手続きに思えますが、重任登記を忘れて放置していると、3万円から10万円程度の過料がかかります。

　10年は長いので、つい忘れないようにメモを残しておきましょう。

06 会社をつくるために決めること

資本金の決め方と株式

❶ 資本金の額はいくらにしたらいい？

　資本金は、会社をスタートするための元手です。いったん会社に出資したら、そのお金の所有権はあなたから会社に移ります。会社の口座から勝手におろして、個人的な目的に使うことはできなくなります。

　会社法上は1円で会社を設立できることになっていますが、現実的には1円で事業をスタートさせることはできません。では資本金はいくらぐらい用意したらよいでしょうか。資本金の額は次のように考えて決めるとよいでしょう。

● 資本金の決め方

❶ 開業に必要な設備資金や家賃、仕入代金などを支払うための運転資金を計算する

❷ 事業を軌道に乗せるまでに、どの程度の資金が必要かを予測する

❸ ❶+❷から、金融機関や両親などから借りられる金額をマイナスする
　⇒ 資本金として用意すべき金額

　創業融資を受ける際は、資本金の額で借入れの限度額が決まるので、一般的に資本金は多いにこしたことはありません。

　また許認可が必要な事業を行う場合、人材派遣業は2,000万円、建設業は500万円など、**資本金の額が許認可の条件になっている場合もある**ので、あらかじめ監督官庁に問いあわせておきましょう。

　しかし一方で、資本金が大きいと税金が高くなるという問題もあります。たとえば、資本金が1,000万円を超えると均等割という税金が高くなった

り、1,000万以上だと消費税の節税メリット（18頁参照）がなくなったりするので注意が必要です。

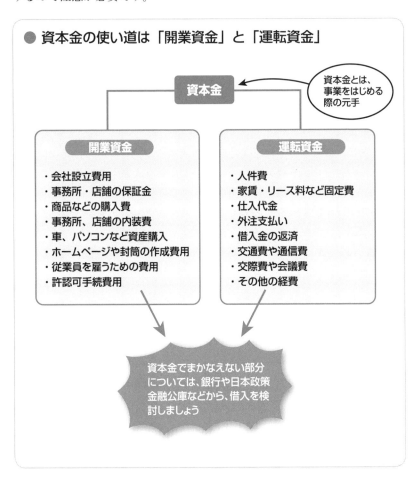

● 資本金の使い道は「開業資金」と「運転資金」

資本金

資本金とは、事業をはじめる際の元手

開業資金
・会社設立費用
・事務所・店舗の保証金
・商品などの購入費
・事務所、店舗の内装費
・車、パソコンなど資産購入
・ホームページや封筒の作成費用
・従業員を雇うための費用
・許認可手続費用

運転資金
・人件費
・家賃・リース料など固定費
・仕入代金
・外注支払い
・借入金の返済
・交通費や通信費
・交際費や会議費
・その他の経費

資本金でまかなえない部分については、銀行や日本政策金融公庫などから、借入を検討しましょう

● 「資本金の額」例

9　資本金の額

300万円

❷ あなた以外の人が出資するなら、誰が出資するのかよく考える

「発起人」とは、会社の最初の株主です。みなさんの場合、発起人はもちろんあなたです。もしくは、あなたの配偶者や両親など身内に出資してもらうケースもあるでしょう。本書では妻と2人で出資しています。

他人から出資してもらう場合は、3分の2以上の議決権が確保できるよう注意しなければなりません。株主総会の決議方法には、「普通決議」と「特別決議」の2種類があります。普通決議は株主の過半数が出席し、うち過半数が賛成すれば成立する決議です。特別決議とは株主の過半数が出席し、うち3分の2以上が賛成すれば成立する決議のことをいいます。

将来、株主間で紛争が起きたときには、株式の保有割合が決定的な威力を発揮します。他人に出資してもらうなら、リスクを考慮した資本政策が必要なので、司法書士や税理士など専門家に相談することをお勧めします。

❸ 「普通株式」と「種類株式」を知っておこう

すべての株主は平等が原則です。株主総会に出席して、1株につき1票の議決権を持ちます。また、配当も株式数に応じて平等に配分されます。1人だけ、ほかの株主より多く配当をもらうことはできません。万が一、会社を清算するときも、残った会社のお金は株数に応じて分配されます。

しかし定款で決めれば、不平等な株式を発行することができます。たとえば、エンジェル投資家（創業間もない企業に対して、資金を融資してくれる人）から出資してもらえる可能性があれば、**「議決権はないけれど、優先的に配当します」**という株式が発行できるよう、定款にその旨を記載しておきます。このように特別な性格を持つ株式のことを、「**普通株式**」に対して「**種類株式**」といいます。種類株式には、ほかにも役員を決める権利だけを持つ株式などもあり、第三者から出資を募る場合には、自分に都合のいい株式を発行できるというわけです。

しかし種類株式の扱いは素人の手には負えないので、**この本の読者のみなさんは、迷わず「普通株式」の株式だけを発行しましょう。**

❹ 株式には「譲渡制限」をつけないと大変なことになる

　本来、株式は自由に売買ができるものです。あなたと配偶者だけでスタートした会社でも、将来、相手がまったく知らない他人に株を売ってしまう可能性もあります。長い人生、何があるかわかりません。そこで、あなたの会社の株を見ず知らずの他人が買うというリスクを回避するために、会社が発行するすべての株式に、「**譲渡制限**」をつけておきます。

　会社が発行するすべての株式に譲渡制限がついている会社を「**株式譲渡制限会社**」といいます。

　株主があなたひとりという場合でも、株式譲渡制限会社には決算書の注記が簡単、役員の任期が10年まで伸ばせる（151頁参照）など、たくさんのメリットがあるので、**迷わずすべての株式に譲渡制限をつけておきましょう。**

❺ 次に、誰がOKするのか決めておく

　株式に譲渡制限をつけたら、今度は誰（どの機関）が、株式の売買を承認するかを決めておきます。この本の読者だったら、「株主総会」か「代表取締役」を選びます。将来的にあなた1人が株式の過半数を持ち続けることが確実なら「株主総会」、絶対にあなた以外の人が代表取締役になる可能性がないなら「代表取締役」にしておきましょう。

❻ 1株の発行価格と、設立に際して発行する株式の総数

　まずは、1株をいくらで発行するか（1株の発行価格）を決めなくてはなりません。株をいくらで発行するかは、1円でも、10万円でも、会社が自由に決めることができます。自由に決めていいといわれても、どうしていいかわからないでしょうから、本書では、1万円または5万円をお勧めします。どちらがよいかは、みなさんの好きなほうでかまいません。最初から上場を目指しているという人は、将来の資本政策に絡んでくるので、

専門家に相談してくだい。

先ほど検討した「資本金の額」と株式には、次の式の関係があります。

資本金の額 ＝ 1株の発行価格 × 株式数

つまり、会社が発行する株式数に1株の発行価格を掛けたものが、設立時の資本金ということになります。そこで、資本金を1株の発行価格で割ったら、「**設立に際して発行する株式**」の数が計算できます。

設立に際して発行する株式数 ＝ 資本金の額 ÷ 1株の発行価格

❼ 将来を想像して発行可能株式総数を決める

次に、**将来発行する予定の株数の上限（発行可能株式総数）を決めます。**株式譲渡制限会社なら、発行可能株式総数は自由に決められます。たとえば将来、5,000万円まで増資をするかもしれないというイメージがあれば、5,000万円を1株の発行価格で割った数字が、発行可能株式数ということになります。

そんなの検討もつかないよーという人は、設立時の20倍ぐらいに設定しておきましょう。ただし、資本金が1億円を超えてしまうと、中小企業の税法上の特典が受けられなくなるので、上限は9,000万円ぐらいにとどめておくといいでしょう。本書の例では「設立に際して発行する株式数」が300株なので、単純に20倍を掛けて6,000株にしました。20倍という数字に深い意味はなく、それくらいイージーに考えてかまいません。

❽ 設立に際して出資される財産の最低額

何も考えず、資本金として出資する予定の金額と同じ金額にしておきます。

●「設立に際して発行する株式の種類と株式数」例

10　設立に際して発行する株式の種類と株式数

（普通株式のみ）　　　　種類株式を発行する

株式の種類	普通株式
1株あたりの発行価格	1万円
設立に際して発行する株式数	300株

11　設立に際して出資される財産の最低額

300万円

12　すべての株式に譲渡制限をつけるか否か

（譲渡制限する）　　　　譲渡制限しない

譲渡を認める権限を持つ機関

代表取締役

13　発起人の氏名および引受株式数

発起人	住所　東京都豊島区長崎○丁目○番○号 氏名　夏目太一 引き受ける株数　200株
発起人	住所　東京都豊島区長崎○丁目○番○号 氏名　夏目なつき 引き受ける株数　100株
発起人	住所 氏名　　　　　— 引き受ける株数

14　会社の発行可能株式総数

6,000株

07 会社をつくるために決めること

事業年度とそのほか諸々のことの決め方

❶ 事業年度はいつからいつまでにする

　会社をつくると、人為的に期間を区切って、いくら儲かったのか、資本金がどれだけ増えたのか、財産が会社にどのくらい残っているのかを計算しなければなりません。これを「**決算**」といい、人為的に区切った期間を「**事業年度**」といいます。事業年度は、1年を超えなければ、何カ月でも会社が自由に決めてよいことになっています。**1事業年度は12カ月にして、月末を決算日にするのが一般的**です。決算には多くの時間を取られるので、決算期は繁忙期を避けるのがお勧めです。

　決算から2カ月後には税務署に税金の申告をしなければならないので、登記が終わってすぐに決算が来ないように気をつけましょう。たとえば6月決算の会社を6月22日に設立すると、8日後にはすぐに「決算 ⇒ 申告」という事態になってしまいます。

　そこで資本金1,000万円未満の会社なら、消費税メリットを最大限生かせるように、設立の日から数えてできるだけ長く、12カ月後が決算期になるように設定します。設立の日とは、法務局に登記の申請をした日をいいます。つまり6月22日に登記を申請したなら、事業年度は「6月から翌年5月」がベストということになります。

　ただし、設立1年目から売上が見込める場合、具体的には、最初の6カ月間で売上が1,000万円を超える場合や、役員も含めて最初の6カ月の人件費が1,000万円を超えることが予測される場合には、設立の日から7カ月目に決算がくるように設定します（22頁参照）。つまり6月22日に登記を申請したなら、決算期は12月がお勧めということになります。

```
15  決算期（月）        3        月
```

❷ 公告の方法は「官報」にする

　株式会社は、決算の内容を「**公告**」（158頁参照）しなければなりません。公告は、官報や日刊新聞のほか自社のホームページ（電子公告といいます）に掲載して行うこともできます。この本の読者のみなさんは、**何も考えず「官報」での公告を選択**しましょう。

❸ 株券の発行

　株券は発行しないのが原則です。あえて株券を発行する場合は、その旨をあらかじめ定款に記載しておかなければなりません。原則どおり、株券は「**不発行**」を選択しておきます。

❹ 資本金は「現物」で「出資」してもいい

　資本金は、不動産や自動車、有価証券、パソコンなど現金以外の財産でも出資することができます。現金以外の財産で出資することを、「**現物出資**」といいます。

　手持ちのパソコンなどを現物出資する場合は、定款に、「現物出資をする者の氏名・名称」および「出資の目的たる財産」と「その価額」および「これに対して与える株数」を記載します。紙面の関係上、本書にはサンプルを載せていませんが、追加の書類（261頁参照）を作成して登記申請書に添付します。不動産や自動車、有価証券など、登録が必要な財産を現物出資したら、登記完了後に、会社に名義変更することになります。

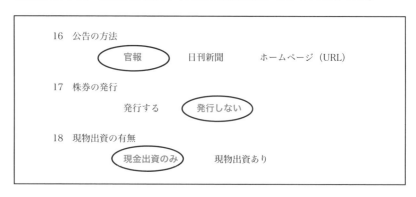

08 定款をつくる

定款ってナニ？

(!) 定款に記載すべき事項は3つ

　会社の重要な事柄が決まったら、いよいよ定款（サンプルは249頁参照）をつくります。定款は、よく「会社の憲法」といわれます。これからの会社の運営方針や基本的なルールを定めたルールブックのようなものです。では、どのような項目を定款に記載すればよいのでしょうか。

　定款に記載すべき事項は、次の3つです。

❶ 絶対的記載事項
❷ 相対的記載事項
❸ 任意的記載事項

「❶ 絶対的記載事項」に記載するもの

　「絶対的記載事項」とは、記載漏れがあったり記載内容が法律に違反していると、その定款が無効になってしまうものです。具体的には次の6つです。

❶ 商号
❷ 目的
❸ 本店所在地
❹ 設立に際して出資される財産の最低額
❺ 発起人の氏名または名称（会社の場合）と住所
❻ 発行可能株式総数

「❷ 相対的記載事項」に記載するもの

　一方「相対的記載事項」とは、書いていなくてもその定款は法的に有効だけれども、定款に記載してはじめて法的な効力を持つ事項のことをいいます。たとえば次のようなものがあります。

- ❶ 株式の譲渡制限をつけるか
- ❷ 株券を発行するかしないか
- ❸ 取締役会をつくるかなど、機関の設計に関する事項
- ❹ 取締役の任期を伸ばすか
- ❺ 監査役の任期を伸ばすか
- ❻ 現物出資をするかどうか
- ❼ 配当優先株式など種類株式を発行するか
- ❽ 公告の方法

「❸ 任意的記載事項」に記載するもの

　「任意的記載事項」は、法律に違反さえしなければ、会社が自由に決めることができるものです。これらは、たとえば取締役会の決議などで決められるものですが、定款に書いておけば会社のルールとして、株主や取締役など会社の機関を拘束することが可能です。任意的記載事項の主な例としては、次のようなものがあります。

- ❶ 会社の事業年度
- ❷ 設立時の取締役の住所氏名
- ❸ 設立時の監査役の住所氏名
- ❹ 株主総会の運営方法

⊕ 定款の書き方とフォーマット

　定款は、A4サイズの用紙に横書きで作成し、片面印刷でプリントします。手書きでもかまいませんが、手書きの場合は黒のボールペンを使います。

定款をつくるというと何だか難しそうですが、定款の一般的なフォーマットは決まっているので、本書のサンプルを参考にするか、市販されている定款の様式をインターネットや大手の文具店で購入して、228頁、232頁で決めた「商号」や「目的」など、自分の会社に固有の個所だけを書き込むだけでOKです。

定款の案ができたら、公証役場に行って事前チェックをしてもらいましょう。最寄りの公証役場の探し方は254頁を参照してください。

公証人の事前チェックが終わったら、同じものを3部つくります。ひとつは「**法務局への提出用**」、もうひとつは「**公証役場での保管用**」、そして最後のひとつは「**会社保存用**」です。

定款は数ページにわたるので、ホッチキスで留めるか製本テープを使って袋とじにします。製本ができたら、発起人全員が実印を押します。製本テープを使わずホッチキスで留めただけの場合は、すべての見開きページに発起人全員が契印を押さなければなりません。製本テープで袋とじした場合は、表紙と製本テープの境目だけに契印すれば完成です。

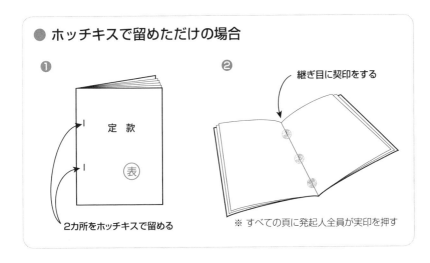

● **ホッチキスで留めただけの場合**

❶

定　款

表

2カ所をホッチキスで留める

❷

継ぎ目に契印をする

※ すべての頁に発起人全員が実印を押す

09 定款をつくる

最も簡単でシンプルな
定款のつくり方

⚠️ 最も簡単でシンプルな定款のサンプル

　あなたがひとりで、株主と取締役を兼ねるなら、一般的な定款のサンプルを購入してつくればOKです。難しい会社法の文言は理解する必要はありません。次の**サンプルは、取締役1名・株主2名の最もシンプルな会社の定款**です。取締役は複数でもかまいませんが、取締役会や監査役は設置しないタイプです。種類株式の発行や現物出資にも対応していません。

　定款を作成するとき、本店所在地の書き方は次の2つの方法があります。

❶ 住所を詳細まで記載

> （本店の所在地）
> 　第3条　当会社は、本店を東京都大田区南蒲田2丁目16番2号に置く。

❷ 最少行政区画までしか書かない方法（本書例）

> （本店の所在地）
> 　第3条　当会社は、本店を東京都大田区に置く。

　❷のようにしておけば、将来、大田区内で引っ越しをしても定款を変更しなくてすむので、こちらが一般的です。本書も一般的な❷の方法を採用しています。

　ただしこの場合は定款で本店の場所を決めていないので、定款とは別に「発起人決定書」（266頁参照）を作成して登記申請書に添付しなければなりません。

●「定款」例

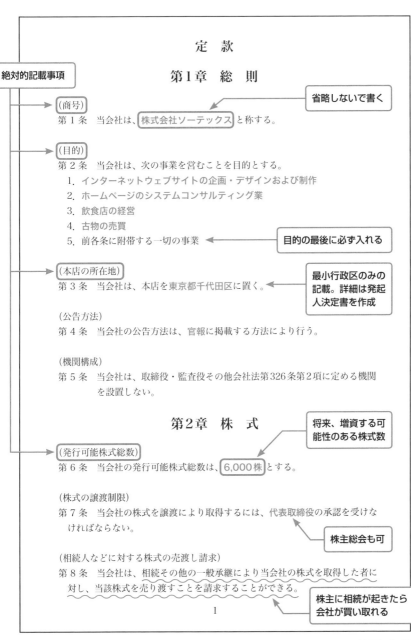

会社をつくる
メリットとデメリット 第1章

個人事業と会社組織は
どっちがお得? 第2章

事例に基づいて
税金を計算してみよう 第3章

会社をつくる前に
知っておくことやっておくこと 第4章

世界一やさしい
会社のつくり方 第5章

定　款

第1章　総　則

絶対的記載事項

(商号)
第1条　当会社は、株式会社ソーテックスと称する。

省略しないで書く

(目的)
第2条　当会社は、次の事業を営むことを目的とする。
1. インターネットウェブサイトの企画・デザインおよび制作
2. ホームページのシステムコンサルティング業
3. 飲食店の経営
4. 古物の売買
5. 前各条に附帯する一切の事業

目的の最後に必ず入れる

(本店の所在地)
第3条　当会社は、本店を東京都千代田区に置く。

最小行政区のみの
記載。詳細は発起
人決書を作成

(公告方法)
第4条　当会社の公告方法は、官報に掲載する方法により行う。

(機関構成)
第5条　当会社は、取締役・監査役その他会社法第326条第2項に定める機関
を設置しない。

第2章　株　式

将来、増資する可
能性のある株式数

(発行可能株式総数)
第6条　当会社の発行可能株式総数は、6,000株とする。

(株式の譲渡制限)
第7条　当会社の株式を譲渡により取得するには、代表取締役の承認を受けな
ければならない。

株主総会も可

(相続人などに対する株式の売渡し請求)
第8条　当会社は、相続その他の一般承継により当会社の株式を取得した者に
対し、当該株式を売り渡すことを請求することができる。

株主に相続が起きたら
会社が買い取れる

1

(次頁に続く)

（特定の株主からの自己株式の取得）
第9条　当会社は、株主総会の決議によって、特定の株主からその有する株式の全部または一部を取得することができる。
2　前項の場合、当会社は会社法第160条第2項および同条第3項の規定を適用しないものとする。

（株式の不発行）
第10条　当会社は、株式に係る株券を発行しない。

株券は発行しない
のが原則

（株式などの割当て）
第11条　当会社の株式（自己株式の処分による株式を含む）を引き受ける者の募集において、株主に株式の割り当てを受ける権利を与える場合、割当てに関する事項の決定は、取締役の過半数の一致によって定めることができる。

（株主名簿記載事項の記載の請求）
第12条　当会社の株式を取得したことにより、その取得者が株主名簿記載事項を株主名簿に記載することを請求するには、当会社所定の書式による請求書に、譲受人と、株主として株主名簿に記載された者またはその相続人そのほか一般の承継人が、署名または記名押印し、共同して請求しなければならない。ただし、法令に別段の定めがある場合には、株式取得者が単独で請求することができる。

（質権の登録および信託財産の表示）
第13条　当会社の株式につき質権の登録または信託財産の表示を請求するには、当会社所定の書式による請求書に、当事者が署名または記名押印して提出しなければならない。その登録または表示の抹消についても同様とする。

（基準日）
第14条　当会社は、毎事業年度末日の最終の株主名簿に記載された議決権を有する株主が、その事業年度に関する定時株主総会において権利を行使することができる。

（株主の住所などの届出）
第15条　当会社の株主、登録株式質権者またはその法定代理人もしくは代表者は、当会社所定の書式により、その氏名または名称および住所並びに印鑑を、当会社に届け出なければならない。届出事項などに変更を生じたときも同様とする。

2

第3章　株主総会

株主総会の決議によって
定めるものとする」でもよい

定時株主総会
の開催時期

（招集）
第16条　定時株主総会は、毎事業年度の末日の翌日から3カ月以内にこれを
　　招集し、臨時株主総会は必要あるときに随時これを招集する。

（招集手続）
第17条　株主総会を招集するには、株主総会の日の3日前までに、議決権を
　　行使することができる株主に対して招集通知を発するものとする。
2　前項の招集通知は、会社法第298条第1項第3号または第4号に掲げる事項
　　を定めた場合を除き、書面ですることを要しない。
3　第1項の規定にかかわらず、株主総会は、その総会において議決権を行使す
　　ることができる株主の全員の同意があるときは、会社法第298条第1項第3
　　号または第4号に掲げる事項を定めた場合を除き、招集の手続きを経ること
　　なく開催することができる。

「株主総会の決議によって
定めるものとする」でもよい

（招集権者および議長）
第18条　株主総会は、社長がこれを招集し議長となる。
2　社長に事故もしくは支障があるときは、株主の互選によって議長を定める。

普通決議の方法

（決議の方法）
第19条　株主総会の決議は、法令または定款に別段の定めがある場合を除き、
　　出席した議決権を行使することができる株主の議決権の過半数をもって行う。
2　会社法第309条第2項に定める決議は、議決権を行使することができる株主
　　の議決権の過半数を有する株主が出席し、出席した当該株主の議決権の3分
　　の2以上に当たる多数をもって行う。

特別決議の方法

（議決権の代理行使）
第20条　株主またはその法定代理人は、当会社の議決権を有する株主を代理
　　人として議決権を行使することができる。ただしこの場合には、株主総会ご
　　とに代理権を証する書面を提出しなければならない。

（議事録）
第21条　株主総会議事録については、その経過の要領およびその結果などを
　　記載または記録し、議長および出席した取締役がこれに記名押印または電子
　　署名を行う。

3

（次頁に続く）

第4章　株主総会以外の機関

（取締役の員数）
第22条　当会社の取締役は、1名以上5名以内とする。

> おおよその人数を記載する

（代表取締役および社長）
第23条　当会社の取締役が2名以上ある場合は、代表取締役を1名おき、取締
　　　役の互選によって定めるものとする。
2　代表取締役を社長とする。取締役が1名の場合は、当該取締役を社長とする。
3　社長は当会社を代表し、会社の業務を統轄するものとする。

（取締役の選任）
第24条　取締役の選任決議は、株主総会において、議決権を行使することが
　　　できる株主の議決権の3分の1以上を有する株主が出席し、出席した当該株
　　　主の議決権の過半数をもって行う。
2　取締役の選任決議は、累積投票によらないものとする。

> 普通決議

（取締役の解任方法）
第25条　取締役の解任決議は、議決権を行使することができる株主の議決権
　　　の過半数を有する株主が出席し、その議決権の3分の2以上の多数をもって
　　　行う。

> 特別決議

> 株式譲渡制限会社は最長
> 10年まで延長できる

（取締役の任期）
第26条　取締役の任期は、選任後10年以内に終了する事業年度のうち最終の
　　　ものに関する定時株主総会の終結の時までとする。
2　補欠または増員により選任された取締役の任期は、その選任時に在任する取
　　締役の任期の満了すべき時までとする。

第5章　計　算

> 途中で就任した取締役は
> 前任者の任期を引き継ぐ

（事業年度）
第27条　当会社の事業年度は、毎年4月1日から翌年3月末日までとする。

> 事業年度は1年間にする

（剰余金の配当）
第28条　剰余金の配当は、毎事業年度末日現在の最終の株主名簿に記載され
　　　た株主または登録株式質権者に対して行う。
2　剰余金の配当がその支払開始の日から満3年を経過しても受領されないとき
　　は、当会社は、その支払義務を免れるものとする。

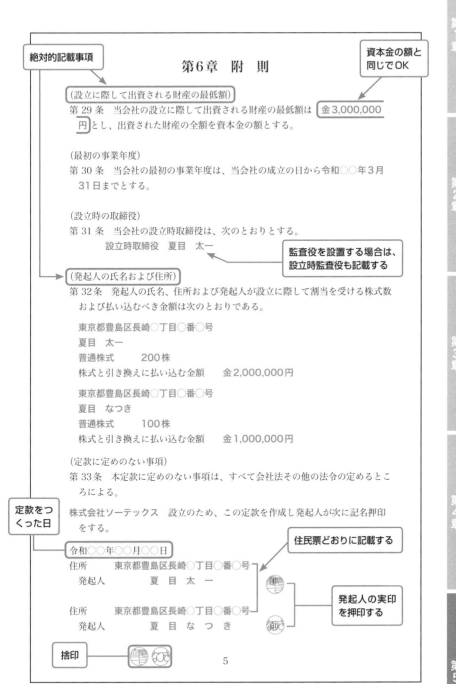

絶対的記載事項

第6章　附　則

資本金の額と
同じでOK

（設立に際して出資される財産の最低額）

第29条　当会社の設立に際して出資される財産の最低額は　金3,000,000
円とし、出資された財産の全額を資本金の額とする。

（最初の事業年度）

第30条　当会社の最初の事業年度は、当会社の成立の日から令和○○年3月
31日までとする。

（設立時の取締役）

第31条　当会社の設立時取締役は、次のとおりとする。

設立時取締役　夏目　太一

監査役を設置する場合は、
設立時監査役も記載する

（発起人の氏名および住所）

第32条　発起人の氏名、住所および発起人が設立に際して割当を受ける株式数
および払い込むべき金額は次のとおりである。

東京都豊島区長崎○丁目○番○号
夏目　太一
普通株式　　　200株
株式と引き換えに払い込む金額　　金2,000,000円

東京都豊島区長崎○丁目○番○号
夏目　なつき
普通株式　　　100株
株式と引き換えに払い込む金額　　金1,000,000円

（定款に定めのない事項）

第33条　本定款に定めのない事項は、すべて会社法その他の法令の定めるとこ
ろによる。

株式会社ソーテックス　設立のため、この定款を作成し発起人が次に記名押印
をする。

定款をつ
くった日

令和○○年○○月○○日

住民票どおりに記載する

住所　　　東京都豊島区長崎○丁目○番○号
発起人　　　　　夏目　太一

住所　　　東京都豊島区長崎○丁目○番○号
発起人　　　　夏目　な　つ　き

発起人の実印
を押印する

捨印

5

253

定款の認証を受けに
公証役場へ行く

⚠ 定款の認証に必要な物

　定款ができたら、公証役場で認証を受けましょう。**認証とは、発起人が作成した定款に間違いがないかを、公証人が確認し証明すること**をいいます。定款は公証役場で認証を受けてはじめて、法的な効力を持ちます。

　公証役場で定款の認証を受けるのは、会社をつくるときだけです。その後は株主総会の決議だけで、定款を変更することができます。

　認証の手続きは、会社の本店所在地と同じ都道府県内にある公証役場で行います。全国の公証役場の場所は、次のURLで探せます。

http://www.koshonin.gr.jp/sho.html

　準備が整ったら、事前に予約をしてから次の5点を持って公証役場へ行きます。**公証役場へは、発起人全員で行くのが原則**です。

● 定款の認証を受けに公証役場へ行くとき必ず持っていくもの

① 押印済みの定款：3通
② 発起人全員の印鑑証明書：各1通
③ 発起人全員の実印：定款に捨印があれば不要
④ 収入印紙：4万円分
⑤ 公証人の手数料と謄本の交付手数料：約5万2,000円
⑥ 実質的支配者となるべき者の申告書

　発起人で立ち会えない人がいる場合は、代理人を立てることもできます。委任状を作成して個人の実印を押し、公証役場に提出すれば大丈夫です。

認証に立ち会うかどうかに関係なく、発起人全員の印鑑証明書を持参します。発起人が会社の場合は、その会社の登記事項証明書と印鑑証明書が必要です。

「実質的支配者となるべき者の申告書」(次頁参照)は、会社の実質的支配者が暴力団員などではないこと、マネーロンダリングやテロ資金供与などに不正使用するための会社ではないことを申告する書類です。あなたの住所や氏名など、所定の事項を記載して提出します。

持っていった定款3通のうち、1通に4万円の収入印紙を貼り、3通とも公証人に提

●「委任状」例

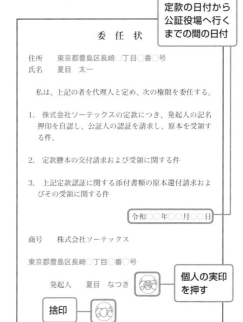

定款の日付から公証役場へ行くまでの間の日付

委 任 状

住所　　東京都豊島区長崎○丁目○番○号
氏名　　夏目　太一

　私は、上記の者を代理人と定め、次の権限を委任する。

1.　株式会社ソーテックスの定款につき、発起人の記名押印を自認し、公証人の認証を請求し、原本を受領する件。

2.　定款謄本の交付請求および受領に関する件

3.　上記定款認証に関する添付書類の原本還付請求およびその受領に関する件

令和○○年○○月○○日

商号　　株式会社ソーテックス

東京都豊島区長崎○丁目○番○号

発起人　　夏目　なつき

個人の実印を押す

捨印

出します。**収入印紙が貼ってあるものは定款の原本として、公証役場に保管されます。収入印紙を貼っていない残りの2通のうち、1通は法務局に提出する定款の謄本として使用し、残りの1通は原始定款として会社に保存しておきます。**

認証手数料として、公証役場に原本として保存される定款に貼る収入印紙代4万円のほかに、認証の手数料として5万円をその場で支払います。このほか、定款の謄本交付手数料として、謄本1通につき250円の費用がかかります。

定款は紙による申請のほか、PDFファイルによる電子定款で申請することも可能です。電子で申請すると、定款に貼付すべき収入印紙代4万円を節約することができます。

電子申請を行うためには、まずWordなどで作成した定款を、電子署名が可能なソフトを使ってPDF形式に変換します。

次にICカードリーダーを使って、あらかじめ市区町村などから取得し

ておいた電子証明書を読み込みます。そのうえで法務省の「**登記・供託オンライン申請システム**」にログインし、保存した電子証明書を電子定款に添付して送信します。送信した電子定款は、後日公証役場から受け取ることができます。

　電子定款を作成するためには、電子署名が可能なソフトやICカードリーダー、マイナンバーカードなどが必要になります。これらを持っていない場合、購入のためのコストや手間を考えると、紙で申請したほうが簡単かもしれません。

● 「実質的支配者となるべき者の申告書」例

実質的支配者となるべき者の申告書（株式会社用）

（公証役場名）

　　　　　　　　　　　　公証人　　　　　　　　　　　　　殿

（商号）

の成立時に実質的支配者となるべき者の本人特定事項等及び暴力団員等該当性について、以下のとおり、申告する。

令和　　　年　　　月　　　日

■ 嘱託人住所　　　　　　　　　　　　　　　　　　　　　　　■ 嘱託人氏名（署名押印又は記名押印（記名＋電子署名も可））

確認してチェックを入れる　　　　　　　　　　　　　　　　　　　　　　　　　　　　印

実質的支配者となるべき者の該当事由（①から④までのいずれかの左側の□内に✔印を付してください。）（※1）

☑ ❶ 設立する会社の議決権の総数の５０％を超える議決権を直接又は間接に有する自然人となるべき者（この者が当該会社の事業経営を実質的に支配する意思又は能力がないことが明らかな場合を除く。）：犯罪による収益の移転防止に関する法律施行規則（以下「犯収法施行規則」という。）11条2項1号参照

□ ❷ ❶に該当する者がいない場合は、設立する会社の議決権の総数の２５％を超える議決権を直接又は間接に有する自然人となるべき者（この者が当該会社の事業経営を実質的に支配する意思又は能力がないことが明らかな場合又は他の者が設立する会社の議決権の総数の５０％を超える議決権を直接又は間接に有する場合を除く。）：犯収法施行規則11条2項1号参照

□ ❸ ❶及び❷のいずれにも該当する者がいない場合は、出資、融資、取引その他の関係を通じて、設立する会社の事業活動に支配的な影響力を有する自然人となるべき者：犯収法施行規則11条2項2号参照

□ ❹ ❶、❷及び❸のいずれにも該当する者がいない場合は、設立する会社を代表し、その業務を執行する自然人となるべき者：犯収法施行規則11条2項4号参照

実質的支配者となるべき者の本人特定事項等（※2、※3）							**暴力団員等該当性**（※4）
住居	東京都豊島区長崎○丁目○番○号		国籍等	⊙日本・その他（※5）（　　　）	性別	⊙男・女（※6）	（暴力団員等に） 該当 ・ ⊙非該当
	よみ	ナツメ タイチ	生年月日	（昭和・平成・⊙西暦）1984年 1月 17日生	議決権割合	100%（※7）	
氏名	夏目　太一		実質的支配者該当性の根拠資料	定款・定款以外の資料・なし（※8）			
住居			国籍等	日本・その他（※5）（　　　）	性別	男・女（※6）	（暴力団員等に） 該当 ・ 非該当
	よみ		生年月日	（昭和・平成・西暦）　年　月　日生	議決権割合	%（※7）	
氏名			実質的支配者該当性の根拠資料	定款・定款以外の資料・なし（※8）			
			国籍等	日本・その他（※5）	性別	男・女	（暴力団員等に）

11 登記の申請をする

資本金を払い込む

❶ 発起人の口座に資本金を振り込む

定款の認証が終わったら、**資本金を払い込みます。**資本金は、本来なら会社の口座に振り込まれるべきですが、まだ設立前なので、会社名義の口座がありません。そこで発起人の個人名義の口座を借りて、発起人全員がそれぞれ自分の出資分を振り込みます。発起人であれば、誰の口座でもかまいません。このために新たに口座をつくる必要はありませんが、通帳をコピーして法務局に提出するので、普段あまり使っていない口座がお勧めです。払い込まれたことがわかればよいので、振り込みの前に残高をゼロにしておく必要もありません。

口座の名義人本人も、ほかの発起人と同じように、自分の口座に自分の出資分を振り込みます。自分の口座に残高があるだけでは、資本金を払い込んだとは認めてもらえないからです。

資本金が全額、払い込まれたら、通帳から次のページをコピーします。

❶ 通帳の表紙と裏表紙
❷ 通帳の2ページ目（店番号・口座番号・口座名義人などが書いてあるページ）
❸ 資本金が振り込まれたことがわかるページ

❷ 払い込みがあったことを証する書面の作成と製本のしかた

さらに、資本金が確かに払い込まれたことを証明するために、**「払い込みがあったことを証する書面」**をつくります。

「払い込みがあったことを証する書面」（Ⓐ）を表紙にして、通帳の表紙と裏表紙（❶）、表紙の次のページ（❷）、振込金額がわかるページ（❸）をコピーして、ホッチキスで綴じます。

払い込みがわかるページ以外のコピーを添付する必要はありません。

●「払い込みがあったことを証する書面」（Ⓐ）例

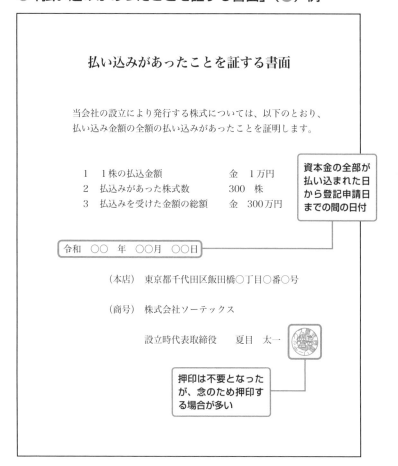

払い込みがあったことを証する書面

当会社の設立により発行する株式については、以下のとおり、
払い込み金額の全額の払い込みがあったことを証明します。

1　1株の払込金額　　　　　　金　1万円
2　払込みがあった株式数　　　300　株
3　払込みを受けた金額の総額　金　300万円

令和　○○　年　○○月　○○日

資本金の全部が
払い込まれた日
から登記申請日
までの間の日付

（本店）　東京都千代田区飯田橋○丁目○番○号

（商号）　株式会社ソーテックス

設立時代表取締役　　夏目　太一

押印は不要となった
が、念のため押印す
る場合が多い

● 銀行口座通帳コピーの取り方

❶ 通帳の表紙と裏表紙

❷ 表紙の次のページ

❸ 振込金額がわかるページ

● 「払い込みがあったことを証する書面」 の綴じ方
（袋とじにする場合）

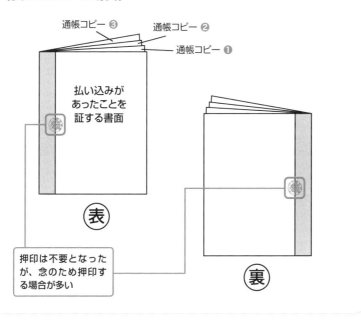

通帳コピー ❸　　通帳コピー ❷

通帳コピー ❶

払い込みが
あったことを
証する書面

（表）

（裏）

押印は不要となった
が、念のため押印す
る場合が多い

12 登記の申請をする

登記用の書類をつくる

① 登記用の書類をつくる

資本金を払い込んだら、いよいよ法務局で登記を申請します。法務局は、本局から出張所まで本店所在地の住所に応じて管轄が決まっているので、管轄先の法務局に提出します。たとえば、本店が東京都千代田区なら提出先は「東京法務局」、本店が東京都大田区なら提出先は「東京法務局城南出張所」になります。公証役場で定款の認証を受ける場合と、考え方が違うので注意してください。あなたの会社を管轄する法務局は、次の法務局のホームページで探せます。

http://houmukyoku.moj.go.jp/homu/static/kankatsu_index.html

登記に必要な書類は次の7つです。

● 登記に必要な最低限の書類一覧

必要書類	誰の印鑑が必要か？				
	会社実印	発起人実印	代表者実印	取締役実印	監査役認印
必ず必要な書類					
❶ 株式会社設立登記申請書（263頁参照）	○				
❷ 登録免許税貼付台紙（264頁参照）			—		
❸ 認証済みの定款（5-09：249頁参照）		○			
❹ 払い込みを証する書面＋通帳コピー（5-11：258頁参照）	○※1※2				
❺ 取締役の印鑑証明書（219頁参照）			—		
❻ 登記すべき事項（265頁参照）			—		
❼ 印鑑届出書（264頁参照）	○		○		

※1 認め印でも可能です。
※2 法令の規定により押印または印鑑証明書の添付を求められていない書類や法令上根拠のない押印は不要となっていますが、実務上は、押しておくことをお勧めします。

　登記のケースによっては、ほかにも書類が必要になります。

　❶ 現物出資をする場合、❷ 取締役会を設置する場合、❸ 発起人以外の人が役員になる場合、❹ 設立時の取締役を定款で決めない場合、❺ 本店所在地の詳細を定款に記載しない場合　など。

　本書では、本店所在地について、定款に最小行政区までしか記載していないので、「発起人決定書」（266頁参照）が必要になります。

● ケースによって必要になる書類一覧

必要書類	誰の印鑑が必要か？				
	会社実印	発起人実印	代表者実印	取締役実印	監査役認印
定款に本店所在地を詳細まで記載しないとき必要な書類					
発起人決定書（266頁参照）		○※1※2			
発起人以外の人が役員になるとき必要な書類					
取締役就任承諾書				○	
代表取締役就任承諾書			○		
監査役就任承諾書					○※2
取締役会をつくるとき必要な書類					
代表取締役選定の取締役会議事録			○	○	
現物出資をするとき必要な書類					
調査報告書				○※1※2	○※2
財産引継書		○※1※2			
現物出資をするときまたは、資本金を資本準備金に組み入れるとき必要な書類					
資本金の額の計上に関する証明書	○※1※2				

※1　認め印でも可能です。
※2　法令の規定により押印または印鑑証明書の添付を求められていない書類や法令上根拠のない押印は不要となっていますが、実務上は、押しておくことをお勧めします。

「❶ 株式会社設立登記申請書」を作成する

　「株式会社設立登記申請書」は、ほかの提出書類の表紙としての役割もあります。登記しようとしている会社の商号や本店所在地、登記の事由（＝会社の設立）、登記すべき事項、課税標準金額（＝資本金の額）、登録免許税の額（＝最低15万円）などを記載し、会社の実印として登録する予定の代表印を押します。**商号や本店所在地は、省略しないで記載します。**代

表取締役の住所も、印鑑証明書どおりに書きましょう。登記申請書は、市販の登記用紙のパッケージにひな形が入っています。また、法務省のホームページからダウンロードすることもできます。

「❷登録免許税貼付台紙」を作成する

　登録免許税の金額は、資本金に1,000分の7を掛け、100円未満を切り捨てて計算します。ただし、株式会社を設立する場合の最低金額は15万円です。

　納付はＡ４用紙１枚を台紙にして、必要な額の印紙を貼ります。**このとき印紙に消印をしてはいけません。「登録免許税貼付台紙」と「株式会社設立登記申請書」はホッチキスで留めて、会社の実印で契印をします。**

「❻登記すべき事項」を作成する

　「登記すべき事項」とは、❶ 商号や本店所在地、❷ 公告の方法、❸ 目的、❹ 発行可能株式総数、❺ 発行済株式の総数、❻ 資本金の額、❼ 株式の譲渡制限に関する事項、❽ 取締役の氏名、❾ 代表取締役の住所・氏名など、会社の基本的事項をいいます。

　これらの事項は、法務局が「**商業登記簿**」として保存し、登記事項証明書を作成する際のもととなるデータなので、誤りがないように慎重に記載しましょう。上記の内容は、❶ 申請書に直接記載する、❷ CD-Rなどの磁気ディスクにコピーする、❸ 任意の別紙に印刷するのいずれかの方法で提出します。磁気ディスクで提出する場合には、記載事項を別途紙に印刷する必要はありません。任意の別紙を使用する場合は申請書にホッチキス留めし、代表印で契印します。

　また、法務省ホームページの「**登記・供託オンライン申請システム**(http://www.moj.go.jp/MINJI/minji06_00051.html)」からオンライン申請することもできます。

「❼印鑑届出書」を作成する

　印鑑届出書は、会社の実印を法務局に届け出るための書類です。**代表取**

締役印を実印として登録するのが一般的ですが、ほかの印鑑でもかまいません。ここで法務局に登録した印鑑が、以後、会社の実印としての効力を発揮します。

　実印を登録するには法務局所定の用紙に必要事項を記載し、届け出る予定の実印を押して、登記申請書と一緒に提出します。印鑑届出書の印影が会社の印鑑証明書を取得する際の原本になるので、不鮮明な印影は受理されません。気あいを入れて鮮明に押印しましょう。

　印鑑届出書にはさらに代表取締役個人の実印を押し、個人の印鑑証明書も添付します。ただし設立登記のときは登記申請書に添付して提出するので、個人の印鑑証明書は添付不要です。

●「株式会社設立登記申請書」例

●「登録免許税貼付台紙」例

収入印紙貼付台紙

申請書にホッチキスで留めて、代表印で契印する

収入印紙 100,000円　収入印紙 50,000円

●「印鑑届出書」例

実印として届け出る予定の代表印

印　鑑　（改印）　届　書

※ 太枠の中に書いてください。

東京　　（地方）法務局　　　支局・出張所

(注1)（届出印は鮮明に押印してください。）	商号・名称　株式会社ソーテックス
	本店・主たる事務所　東京都千代田区飯田橋○丁目○番○号
印鑑提出者	資　格　代表取締役　取締役・代表理事　理　事　・　（　　　　）
	氏　名　夏目　太一
	生年月日　大・昭・平・西暦1984年　1月 17日生
□ 印鑑カードは引き継がない。	会社法人等番号
□ 印鑑カードを引き継ぐ。	

(注2)

印鑑カード番号

前　任　者 _____

届出人(注3)　☑ 印鑑提出者本人　□ 代理人

(注3)の印

住　所　東京都豊島区長崎○丁目○番○号

フリガナ　ナツメ　タイチ

氏　名　夏目　太一

個人の実印

委　任　状

私は、(住所)

　　　(氏名)

を代理人と定め，印鑑(改印) の届出の権限を委任します。

　　令和　　年　　月　　日

　　住　所

　　氏　名　　　　　　　　　　　　　　印

(注3)の印

市区町村に登録した印鑑

☑ 市区町村長作成の印鑑証明書は，登記申請書に添付のものを援用する。　(注4)

●「登記すべき事項」例

「商号」株式会社ソーテックス

「本店」東京都千代田区飯田橋○丁目○番○号

「公告をする方法」官報に掲載してする。

「目的」

　1. インターネットウェブサイトの企画・デザインおよび制作

　2. ホームページのシステムコンサルティング業

　3. 飲食店の経営

　4. 古物の売買

　5. 前条各号に附帯する一切の事業

「発行可能株式総数」6,000株

「発行済株式の総数」300株

「資本金の額」金300万円

「株式の譲渡制限に関する規定」

　当会社の株式を譲渡するには，代表取締役の承認を受けなければ

　ならない。

「役員に関する事項」

「資格」取締役

「氏名」夏目　太一

「役員に関する事項」

「資格」代表取締役

「住所」東京都豊島区長崎○丁目○番○号

「氏名」夏目　太一

「登記記録に関する事項」設立

申請書にホッチキ
スで留めて、代表
印で契印する

※ 「登記申請書」と「登記すべき事項」と「登録免許税貼付台紙」の3枚をホッチキス
　で留めて、代表印で契印します（任意の別紙で申請する場合）。

令和3年の改正で、法務局への実印の届出は任意となりましたが、届出
をしていない会社は、書面での印鑑証明書は取得できないので登録して
おくことをおススメします

●「発起人決定書」例

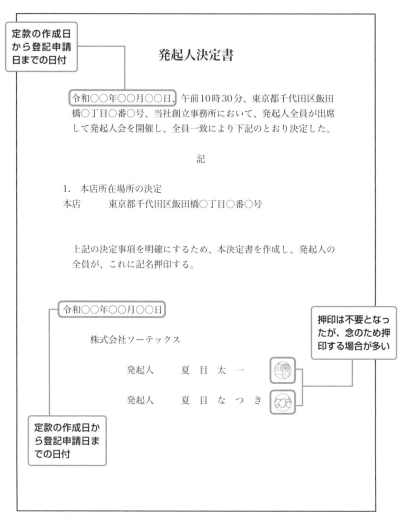

定款の作成日から登記申請日までの日付

発起人決定書

　令和○○年○○月○○日、午前10時30分、東京都千代田区飯田橋○丁目○番○号、当社創立事務所において、発起人全員が出席して発起人会を開催し、全員一致により下記のとおり決定した。

記

1.　本店所在場所の決定
本店　　　東京都千代田区飯田橋○丁目○番○号

　上記の決定事項を明確にするため、本決定書を作成し、発起人の全員が、これに記名押印する。

令和○○年○○月○○日

　　株式会社ソーテックス

　　　　　発起人　　　夏　目　太　一

　　　　　発起人　　　夏　目　な　つ　き

定款の作成日から登記申請日までの日付

押印は不要となったが、念のため押印する場合が多い

※ 定款に、詳細な本店所在地を記載しなかった場合に作成します。

13 登記の申請をする

法務局へ登記の申請に行く

❶ 法務局へ登記の申請に行く

　出資金の払い込みが終わったら、2週間以内に法務局の窓口で登記の申請を行います。登記申請用の書類は、綴じる順番だけでなく、ホッチキスで留めるか、クリップでまとめるかも決まっています。印鑑届出書はクリップで、そのほかの書類は、次頁図の順番に並べて、ホッチキスで綴じてセットします。CD-Rなどの磁気ディスクには、会社の商号を記載した書面を貼りつけます。

　「**登記すべき事項**」を任意の別紙に記載して提出することも可能です。任意の別紙で提出する場合には、**まず申請書および登録免許税貼付台紙と一緒にホッチキスで留めて、各頁に会社の代表印で契印を押し、これがひとつのセットになります。**

　さらに「**定款**」「**払い込みがあったことを証する書面**」「**印鑑証明書**」を**加えてホッチキスで綴じれば完成**です。法務局に行ったら、「**商業登記**」と書いてある受付窓口に、セットしてクリップでまとめた書類一式を提出します。その際、必ず「**受付番号**」と「**商業登記の完了予定日**」を確認しましょう。

❷ もし書類に不備があったら

　提出した書類に不備があると、申請書に書いた電話番号に補正の連絡が入ることがあります。連絡があったら、法務局へ行って書類を訂正します。完了日まで連絡がなければ、登記が完了しているかを電話で確認しましょう。補正があれば、やはり法務局に出向いて担当官に指示されたとおりに直します。書類をどう訂正するかは、その場で具体的に教えてくれるので、心配する必要はありません。補正が終われば、いよいよ登記の完了です。

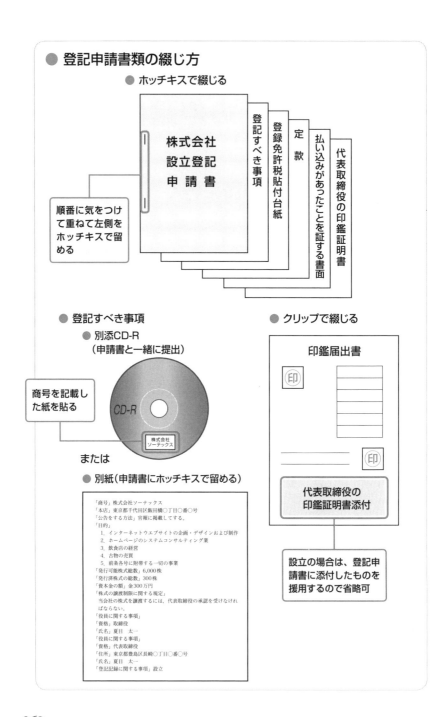

● 登記申請書類の綴じ方

● ホッチキスで綴じる

株式会社
設立登記
申 請 書

登記すべき事項

登録免許税貼付台紙

定 款

払い込みがあったことを証する書面

代表取締役の印鑑証明書

順番に気をつけて重ねて左側をホッチキスで留める

● 登記すべき事項

● 別添CD-R
（申請書と一緒に提出）

商号を記載した紙を貼る

CD-R

株式会社
ソーテックス

または

● 別紙（申請書にホッチキスで留める）

「商号」株式会社ソーテックス
「本店」東京都千代田区飯田橋○丁目○番○号
「公告をする方法」官報に掲載してする。
「目的」
　1．インターネットウエブサイトの企画・デザインおよび制作
　2．ホームページのシステムコンサルティング業
　3．飲食店の経営
　4．古物の売買
　5．前条各号に附帯する一切の事業
「発行可能株式総数」6,000株
「発行済株式の総数」300株
「資本金の額」金300万円
「株式の譲渡制限に関する規定」
　当会社の株式を譲渡するには、代表取締役の承認を受けなければならない。
「役員に関する事項」
「資格」取締役
「氏名」夏目　太一
「役員に関する事項」
「資格」代表取締役
「住所」東京都豊島区長崎○丁目○番○号
「氏名」夏目　太一
「登記記録に関する事項」設立

● クリップで綴じる

印鑑届出書

印

印

代表取締役の
印鑑証明書添付

設立の場合は、登記申請書に添付したものを援用するので省略可

14 登記が終わったらすること

❶ 登記事項証明書を取得する

❶ 登記が完了したら、法務局で 「登記事項証明書」を取得する

登記事項証明書は、「登記簿謄本」とも呼ばれるもので、登記した内容を法務局が証明してくれるものです。

登記事項証明書は、銀行口座を開設したり、税務署や都道府県税事務所、社会保険事務所に届出をする際に、すぐに必要になります。また、個人名義の車両や携帯電話を会社名義に変えるとき、新たに事務所や店舗を借りるとき、新規の取引先に口座を開くときなど、さまざまビジネスの場面で登記簿謄本が求められます。

登記事項証明書に法的な有効期限はありませんが、一般的には発行から3カ月以内のものを要求されることが多いので、必要な枚数を考えて取得しておきましょう。

登記事項証明書を取得したら、まず書かれている内容に誤りがないかを、チェックします。万が一、内容に誤りがあったら、すぐに法務局の窓口で訂正してもらうためです。

❷ 「登記事項証明書」の取得のしかた

「登記事項証明書交付申請書」に、申請する人の住所、氏名、会社の商号、本店所在地などを記入して、1通につき600円の印紙を貼付して申請します。印紙に割印は不要です。登記事項証明書は、本店所在地でなくても、商業登記を扱っている法務局ならどこでも取得できます。

法務局の窓口に行かなくても、返信用封筒を入れて郵送で申請することも可能です。またネットバンキングで1通につき500円の手数料を支払えば、パソコンからオンラインで請求することもできます。

会社法人用	登記事項証明書 登記簿謄抄本 交付申請書 概要記録事項証明書	ここは記入しなくてもOK

※ 太枠の中に書いてください。

東京　　（地方）法務局　　支局・出張所　　　令和　年　月　日 申請

窓口に来られた人 （申請人）	住　所　東京都豊島区長崎○丁目○番○号	収入印紙欄
	フリガナ　ナツメ　タイチ 氏　名　　夏目　太一	
商号・名称 （会社等の名前）	株式会社ソーテックス	収入 印紙
本店・主たる事務所 （会社等の住所）	東京都千代田区飯田橋○丁目○番○号	
会社法人等番号	000000	収入 印紙

※　必要なものの□にレ印をつけてください。

請　　　求　　　事　　　項	請求通数	
①全部事項証明書（謄本） 　☑　履歴事項証明書　（閉鎖されていない登記事項の証明） 　　※現在効力がある登記事項に加えて、当該証明書の交付の請求があった日の3年前の日の 　　　属する年の1月1日から請求があった日までの間に抹消された事項等を記載したものです。 　□　現在事項証明書　（現在効力がある登記事項の証明） 　□　閉鎖事項証明書　（閉鎖された登記事項の証明） 　　※当該証明書の交付の請求があった日の3年前の属する年の1月1日よりも前に 　　　抹消された事項を記載したものです。	5 通	ここにチェックをして、必要枚数を記入する
②一部事項証明書（抄本）　　※　必要な区を選んでください。 　□　履歴事項証明書　　□　株式・資本区 　□　現在事項証明書　　□　目的区 　□　閉鎖事項証明書　　□　役員区 　　　　　　　　　　　　□　支配人・代理人区 ※　商号・名称区及び　　※2名以上の支配人・参事等がいる場合で、その一部の者のみを 会社・法人状態区　　　請求するときは、その支配人・参事等の氏名を記載してくださ は、どの請求にも　　　い。（氏名 表示されます。　　　　　　（氏名 　　　　　　　　　　　□　その他（　　　　　　　　　　　　　）	通	割印をしないでここに貼ってください。
③□代表者事項証明書　　　　（代表権のある者の証明） ※2名以上の代表者がいる場合で、その一部の者の証明のみを請求するとき は、その代表者の氏名を記載してください。（氏名　　　　　　　　　）	通	
④コンピュータ化以前の閉鎖登記簿の謄抄本 　□　コンピュータ化に伴う閉鎖登記簿謄本 　□　閉鎖謄本（　　　　　年　　月　　日閉鎖） 　□　閉鎖役員欄（　　　　年　　月　　日閉鎖） 　□　その他（　　　　　　　　　　　　　　　　　　）	通	
⑤概要記録事項証明書 　□　現在事項証明書（動産譲渡登記事項概要ファイル） 　□　現在事項証明書（債権譲渡登記事項概要ファイル） 　□　閉鎖事項証明書（動産譲渡登記事項概要ファイル） 　□　閉鎖事項証明書（債権譲渡登記事項概要ファイル） 　※請求された登記記録がない場合には、記録されている事項がない旨 　の証明書が発行されます。	通	

交 付 通 数	交 付 枚 数	手　数　料	受 付・交 付 年 月 日

（乙号・6）

15 登記が終わったらすること

❷ 印鑑カードと 印鑑証明書を取得する

❶「印鑑カード」の取得のしかた

　登記が終わると同時に印鑑登録も完了するので、「**印鑑カード**」と「**印鑑証明書**」を取得しましょう。印鑑証明書は、銀行口座をつくったり、事務所を借りたり、携帯電話の名義を変えたりなど、各種契約書に実印を押すときに必要になります。印鑑証明書にも有効期限はありませんが、発行後、長時間が経過すると、信憑性が疑われて結局は受け取ってもらえません。登記事項証明書とあわせて、必要な枚数を請求しておきましょう。

　まず、法務局にある「**印鑑カード交付申請書**」を窓口に提出して「印鑑カード」を取得します。印鑑カード交付申請書には、会社の実印を押し、会社の商号や本店所在地、代表取締役の住所・氏名など、必要事項を書きます。交付に手数料はかかりません。申請書を提出すれば、その場で印鑑カードを取得できます。

　印鑑カードは、印鑑証明書を取得する際、実印を持ち歩かなくてすむので大変便利です。反面、これさえあれば誰でも印鑑証明書を取得できてしまうので、実印と分けて慎重に保管しておきましょう。

❷「印鑑証明書」の取得のしかた

　印鑑カードをもらったら、印鑑証明書を取得します。「**印鑑証明書交付申請書**」に会社の商号や本店所在地、印鑑カード番号などを記入し、印鑑カードを添えて申請します。手数料は1通につき450円、パソコンからオンラインで請求する場合は410円です。登記事項証明書を取得する場合と同じように、印紙を買って交付申請書に貼付します。割り印も不要です。

●「印鑑カード交付申請書」例

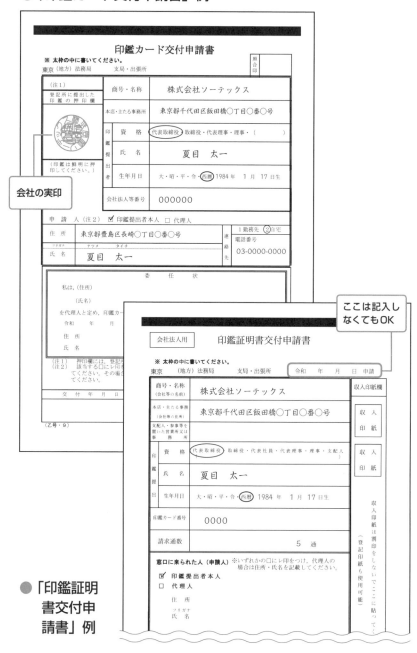

印鑑カード交付申請書

※ 太枠の中に書いてください。

東京（地方）法務局　　　支局・出張所　　　照合印

（注1）登記所に提出した印鑑の押印欄	商号・名称	株式会社ソーテックス
（印鑑は鮮明に押印してください。）	本店・主たる事務所	東京都千代田区飯田橋○丁目○番○号
	印鑑提出者　資格	代表取締役・取締役・代表理事・理事・（　　　）
	氏名	夏目　太一
	生年月日	大・昭・平・令・西暦 1984 年 1 月 17 日生
	会社法人等番号	000000

会社の実印

申　請　人（注2）　☑ 印鑑提出者本人　□ 代理人

住所	東京都豊島区長崎○丁目○番○号	連絡先	1 勤務先　②自宅　電話番号
フリガナ　ナツメ　タイチ　氏名	夏目　太一		03-0000-0000

委　任　状

私は,（住所）

　　　（氏名）

を代理人と定め,印鑑カー

　　令和　　年　　月

住　所

氏　名

（注1）　押印欄には、登記所

（注2）　該当する□にレ印を

　　　てください。その場合

　　　てください。

交　付　年　月　日

（乙号・9）

●「印鑑証明書交付申請書」例

ここは記入しなくてもOK

会社法人用	印鑑証明書交付申請書

※ 太枠の中に書いてください。

東京　　（地方）法務局　　　支局・出張所　　　令和　年　月　日　申請

商号・名称（会社等の名前）	株式会社ソーテックス	収入印紙欄
本店・主たる事務所（会社等の住所）	東京都千代田区飯田橋○丁目○番○号	収入印紙
支配人・参事等を置いた営業所又は事務所		
印鑑提出　資格	代表取締役・取締役・代表社員・代表理事・理事・支配人（　　　）	収入印紙
氏名	夏目　太一	
生年月日	大・昭・平・令・西暦 1984 年 1 月 17 日生	収入印紙は割印をしないでここに貼って…（登記印紙も使用可能）
印鑑カード番号	0000	
請求通数	5 通	

窓口に来られた人（申請人） ※いずれかの□にレ印をつけ、代理人の場合は住所・氏名を記載してください。

☑ 印鑑提出者本人

□ 代理人

住　所

フリガナ

氏　名

会社をつくる
メリットとデメリット
第1章

個人事業と会社組織は
どっちがお得？
第2章

事例に基づいて
税金を計算してみよう
第3章

会社をつくる前に
知っておくことやっておくこと
第4章

世界一やさしい
会社のつくり方
第5章

16 登記が終わったらすること

❸ 銀行口座を開設する

❶ どの銀行とつきあうか

　いわゆる大手さんと取引があるので請求書に都市銀行の名前を書きたい、融資を受けたいので中小企業に親切な信用金庫がよい、事務所の隣に支店があるので何かと便利だなど、銀行を選ぶ理由はいろいろです。

　大きな銀行ほど保守的なので、まず個人時代からつきあいのある銀行の中から選ぶのがお勧めです。

❷ 銀行口座の開設のしかた

　口座を開設するには登記事項証明書と印鑑証明書のほか、定款、会社の実印と銀行用の印鑑、代表取締役の身分証明などを持参して、銀行の窓口で申し込みます。**手続きは個人口座の開設とほぼ同じですが、法人口座の場合、まず担当者との「面談」があります。**以前から取引がある銀行なら、世間話程度で簡単に終わりますが、一般的には、**社長の経歴、起業の目的といった社長自身に関する事項、会社の事業内容やその銀行を選んだ理由、取引の目的などを聞かれる**ことが多いようです。

　面談が終了したら、口座開設の申込書を提出し、銀行内部の審査を待ちます。銀行によっては、審査に1週間程度かかることもあります。最低資本金制度がなくなって、**1円でも会社がつくれたり、またインターネットで簡単にビジネスがはじめられるようになった反面、銀行口座開設の審査は厳しくなっています。**目的欄に記載した事業目的のために必要な許認可を取得していないと、口座開設を拒否される場合もあります。

　審査が通って口座が開設されたら、窓口で通帳を受け取ります（郵送も可）。またキャッシュ・カードの受け取りには、通帳よりさらに1週間ほど時間がかかります。

● 銀行口座開設の流れ

開設したい銀行の支店に出向く

> **持っていくもの**
> ・登記簿謄本
> ・定款
> ・銀行用の印鑑
> ・会社の印鑑証明書
> ・会社の代表印
> ・代表取締役の身分証明書
> 　　　　　　　　　　　　　　　など

法人専用の窓口で、担当者と面談

> **聞かれること**
> ・代表取締役の住所・氏名
> ・過去のクレジットの事故
> ・会社の住所や事業内容
> ・その支店を選んだ理由
> ・その銀行との取引の内容
> 　　　　　　　　　　　　　　　など

口座開設の申込書を提出

審　査

> 銀行によって異なりますが
> 通常2日から2週間程度
> かかります

窓口（郵送）で、通帳を受け取る

> 銀行によって異なりますが
> 通常さらに1週間程度か
> かります

窓口（郵送）で、キャッシュ・カード
を受け取る

> パソコンからでも申し込め
> ますが、銀行の窓口で申し
> 込み用紙が入手できます

インターネット・バンキングを申し込む

> 銀行によって異なりますが
> 通常2週間から3週間か
> かります

契約登録のお知らせとマニュアルが届く

インターネットバンキング開始の手続き

> 契約登録のお知らせの中
> に記載されているIDナン
> バーを使って、手続きを
> します

手続き終了

17 登記が終わったらすること

税務署などへ届ける

❗ そのほかにも提出する書類がたくさんある

さあ、ついにあなたの会社が社会に誕生しました。会社には人格が与えられ、これからさまざまな経済活動を行うことができます。

本格的な事業活動を行う前に、まず税務署など公的機関に新しい会社が誕生したことを報告します。日本の役所は縦割りなので、法務局がほかの行政機関に、自動的に登記情報を連絡するしくみにはなっていないのです。

そこで**登記が終わったら、さっそく下記の役所から用紙を取り寄せて、自己紹介ともいうべき開業届けなどの書類を提出します**。書類は郵送でも送ってくれますが、インターネットで簡単にダウンロードもできます。これら4つの役所は、これからもいろいろな意味で深く関わることになる役所ばかりです。

書類名	提出先
❶ 法人税や消費税など国に納める税金に関する書類	本店所在地の最寄りの税務署
❷ 事業税や住民税など地方自治体に納める税金に関する書類	事務所や店舗の最寄りの都道府県税事務所と市町村役場（ただし、東京23区内は都税事務所のみに提出する）
❸ 健康保険や厚生年金に加入するための書類	事業所を所轄する年金事務所
❹ 従業員を雇ったら提出する書類	労災保険の手続きは、事業所の最寄りの労働基準監督署、雇用保険の手続きは、事業所の最寄りのハローワーク

どの役所にどのような書類を提出するか、詳しい内容は次頁表にまとめたので参考にしてください。

役所へ届け出る書類は、役所への提出用と自社の控え用の2部を作成し、控え用にも受付印をもらって保管しておきます。

提出の方法は、役所の窓口に持ち込む方法、郵便する方法、インターネットから電子申請する方法の3通りがあります。

　郵送の場合も、「控え」をもらえます。会社の住所と名前を書いた返信用封筒に切手を貼って同封すればOKです。

● 各種書類の届出リスト

書類名	提出先	期日	添付書類／注意書き
❶ 法人設立届出書	本店所在地を所轄する税務署	設立2カ月以内	・定款のコピー ・履歴事項全部証明書（登記簿謄本） ・設立時の貸借対照表 ・事業概況書 ・現物出資者名簿（現物を出資した場合） ・株主名簿
❷ 給与支払事務所等の開設届出書	本店所在地を所轄する税務署	開設1カ月以内	本店所在地以外に給与支払事務所がある場合には、事務所の所在地でもかまわない。
❸ 源泉所得税の納期の特例の申請書	❷を提出した税務署	❷と同時に	会社の商号と給与支払事務所の所在地、代表者氏名を記入し、過去6カ月間の給与の支払い状況を記入して提出。会社設立時は支給実績がないので、空欄のままでかまわない。 ※ 適用開始は申請した月の翌月からになるので注意。
❹ 青色申告の承認申請書の届出	所轄の税務署	会社を設立した日から3カ月、または設立1期目の事業年度終了の日のいずれか早い日までに	会社の商号と納税地、代表者氏名・住所、作成している帳簿の種類などを記入する。 ※ 届出書ではなく申請書となっているが、特に税務署から却下の通知がなければ、申請は受理されたものと考えて差し支えない。
❺ 減価償却資産の償却方法の届出書	所轄の税務署	最初の事業年度の確定申告の提出期限までに	この届出書を提出しなかった場合、自動的に定率法を選択したことになる。ただし、建物や建物付属設備・構築物は、定額法で償却しなければならないので注意が必要。
❻ 棚卸資産の評価方法の届出書	所轄の税務署	最初の事業年度の確定申告の提出期限までに	この届出書を提出しなかった場合、自動的に最終仕入原価法を選択したことになる。
❼ 事業開始等申告書	事業所を所轄する地方自治体	設立1カ月以内	（添付書類は地方自治体によって異なる） ・定款のコピー ・履歴事項全部証明書（登記簿謄本） 地方自治体に対する事業開始の届出方法や期限は、自治体ごとに異なる。東京都の場合は、15日以内。税務署に提出する複写式の「法人設立届出書」を使えば、地方税の届出書も同時に作成できる。

書類名	提出先	期日	添付書類／注意書き
⑧ 適格請求書発行事業者の登録申請書（国内事業用）	所轄の税務署	事業を開始した日の属する課税期間の末日まで	適格請求書（インボイス）発行事業者の登録を受ける場合に提出。 免税事業者も申請できるが、登録日以後、消費税の申告義務が発生する。
⑨ 健康保険厚生年金保険新規適用届	所轄の年金事務所	原則として設立5日以内	・新規適用事業所現況書 ・被保険者資格取得届 ・保険料口座振替納付申請書 ・被扶養者（移動）届 会社の商号と本店の所在地、代表者氏名・住所を記載する。 ほかに、履歴事項全部証明書（登記簿謄本）、賃貸借契約書のコピー、給与規程、労働者名簿、賃金台帳、出勤簿などが必要になるが、年金事務所によって添付書類は異なる。
⑩ 労働保険関係成立届	所轄の労働基準監督署	従業員を雇った日から10日以内	・従業員名簿 ・履歴事項全部証明書（登記簿謄本） ※ 労働保険関係成立届を届け出ることによって、会社は労働保険番号を取得する。
⑪ 労働保険概算保険料申告書	所轄の労働基準監督署	従業員を雇った日から50日以内	※ 労働保険関係成立届と一緒に提出する。
⑫ 雇用保険適用事業所設置届	所轄のハローワーク	従業員を雇った日から10日以内	・雇用保険適用事業所設置届 ・雇用保険被保険者資格取得届 ・従業員名簿 ・労働基準監督署に提出した労働保険関係成立届の控え ・出勤簿やタイムカード ・履歴事項全部証明書（登記簿謄本） ・賃金台帳など、給与の金額がわかるもの ・雇用保険被保険者証（従業員が、以前に他の会社に勤めていた場合） ・税務署に提出した「法人設立届出書」または「給与支払事務所等の開設届出書」の控え ※ 届出の際、労働基準監督署で取得した労働保険番号が必要。 ※ 雇用保険被保険者資格取得届は、従業員1人につき1枚ずつ作成する。 ※ この届出が終わると、雇用保険が適用される会社となり、従業員に対して「雇用保険被保険者証」が発行される。雇用保険被保険者証は会社で保管しておいて、従業員が退職するときに本人に渡す。

18 個人事業をやめる

個人事業を廃業するときの手続き

⚠ 個人事業を廃業する場合にすること

まず、廃業する旨を税務署に届け出なくてはいけません。届出は簡単です。下記の書類を税務署に提出するだけです。これらの用紙は、税務署の窓口か、国税庁のホームページ（https://www.nta.go.jp/tetsuzuki/shinsei/annai/shinkoku/mokuji.htm）から入手できます。

❶ 個人事業の開廃業等届出書
❷ 所得税の青色申告の取りやめ届出書
❸ 給与支払事務所等の廃止届出書
❹ 消費税の事業廃止届出書

「❶ 個人事業の開業・廃業等届出書」を提出する

「個人事業の開業・廃業等届出書」は、開業のとき提出した届出書と同じ用紙を使います。納税地の住所と氏名、生年月日、屋号などを記入して、廃業した日から1カ月以内に納税地を所轄する税務署に提出します。

届出の区分欄の「廃業」のところに○をつけ、新しく設立した会社の会社名、代表取締役の氏名、会社の納税地を記入します。「個人事業を廃止した日」の日付を記載します。

個人事業を廃業した日とは、形式的には会社を設立した日ということになります。しかし設立の日は法務局に登記の申請をした日にすぎず、会社の登記簿謄本も預金口座もまだできていない状態です。会社としての営業活動はまだはじまっていないのが普通です。また会社に法人成りしても、個人事業の残務整理もあります。そこで**廃業した日の欄は、残務整理が終わった日もしくは12月31日とするのがお勧め**です。

● 「個人事業の開業・廃業等届出書」例

個人の所轄税務署に提出

認め印で OK

「② 青色申告の取りやめ届出書」の注意点

　個人事業時代に青色申告を行っていた人は、「個人事業の開業・廃業等届出書」と一緒に「所得税の青色申告の取りやめ届出書」も提出します。**新しくつくった会社で青色申告をする場合でも、個人事業者としては青色申告をやめることになるので届出が必要**です。

　納税地の住所と氏名、生年月日、屋号などを記載し、いつからいつまで青色申告の承認を受けていたかを記入します。

① 個人事業を廃業しないケースもある （自宅を会社に貸す場合など）

　会社を設立後、個人所有の自宅を会社の事務所として貸す場合には、会社から個人に家賃が発生します。すると、今までの事業は廃業しても不動

産所得が発生するので、個人の確定申告は続けなければなりません。その場合は、「個人事業の開業・廃業等届出書」や「所得税の青色申告の取りやめ届出書」の提出は必要ありません。あわてて、**青色申告の取りやめをしてしまうと、もう一度青色申告の承認を申請しても2年間は承認が下りないので注意してください。**

「❸ 給与支払事務所等の廃止届出書」の注意点

　従業員や家族に給与を支払っていた人は、個人時代と同じ従業員に給与を支払う場合でも、個人事業主としてはいったん「給与支払事務所等の廃止届出書」を提出し、新たに会社として届けることになります。

　ただし「個人事業の開業・廃業等届出書」を所轄の税務署に提出している場合は、あらためて届け出る必要はありません。今後は、従業員から天引きしている源泉所得税は新しく会社に届く納付書を使って支払います。従業員は形式的に個人事業主であるあなたの事業所を退職し、新しい会社に入社したという形になるのです。

「❹ 消費税の事業廃止届出書」を作成する

　個人事業者時代、消費税の課税事業者だった人は、所得税だけでなく消費税の「事業廃止届出書」も提出します。特に期限はありませんが、事業を廃止したら速やかに届け出ます。

　ただし**簡易課税を選択していた人が、「消費税簡易課税制度選択不適用届出書」に事業を廃止する旨と廃止の日を記載して提出すれば、「事業廃止届出書」は必要ありません。**

　また会社に個人の自宅を事務所として貸す場合は、前頁で説明したとおり、引き続き不動産所得の申告・納税を行うことになります。**個人事業時代、消費税の課税売上高が1,000万円を超えていた人はさらに2年間、今度は不動産所得にかかる消費税を申告・納税しなければなりません。消費税の場合、納税義務者かどうか2年前の売上で判定するルールだからです。**

会社をつくる
メリットとデメリット 第1章

個人事業と会社組織は
どっちがお得？ 第2章

事例に基づいて
税金を計算してみよう 第3章

会社をつくる前に
知っておくことやっておくこと 第4章

世界一やさしい
会社のつくり方 第5章

19 個人事業をやめる

会社へ引き継ぐ財産を決める

⚠ 会社に移す個人資産、会社に移さない個人資産

　個人で事業を行っていた人が会社組織にすることを「法人成り」といいます。法人成りといってもあなたと会社は別の人格なので、現預金などすべての資産を会社に移す必要はありません。事業に必要な財産は会社に売却し、その対価をあなた個人が受け取ることもできます。

● 個人から会社へ引き継ぐ資産の一覧と精算方法

資産・負債	会社への引き継ぎ（一般的に）	会社と個人の精算（例）	
ノウハウ	自然に引き継がれる	不要	
信用	自然に引き継がれる	不要	
取引先	自然に引き継がれる	不要	
現金	引き継がない	－	
銀行預金	引き継がない	－	
売掛金	引き継がない	－	
買掛金	引き継がない	－	
リース取引	リース会社の判断による	不要	
銀行借入金	銀行の判断による	必要	
器具備品	引き継ぐ	必要	資本金を使って買い取る
内装設備	引き継ぐ	必要	
商品在庫	引き継ぐ	必要	
自動車	引き継ぐ	必要	
事務所保証金	貸主の判断による	必要	
個人所有不動産	引き継がない	－	

281

法人成りした年の
確定申告のしかた

❶ 年の途中で廃業した場合の確定申告

　年の途中で事業を廃止しても、所得税については例年どおり翌年3月15日、消費税については3月31日までに申告します。廃業しても、個人事業者の課税期間は1月1日から12月31日までと決まっているからです。

　個人事業最後の確定申告をするときは、新しくつくった会社からもらっている給与所得を事業所得にプラスして申告します。自宅を事務所や店舗として貸している人は、不動産所得も忘れないで確定申告します。

　通常の年なら個人の事業税は申告の必要がありません。3月15日の確定申告をもとに役所が税金を計算し、翌年、納付書が届くからです。支払った事業税は翌年の確定申告のときに経費にできます。しかし、個人事業を廃止した年は、廃止後1カ月以内に事業税の申告をするか、または見積り額を計算して、廃業した年の所得税の経費に入れます。

❷ 廃業しても予定納税が発生したら、
　どうする？

　いきなり税務署から納付書が送られてきても、あわてることはありません。**「所得税の予定納税額の減額申請書」に、事業にかかる納税見積り額を0円と記入して、7月15日（11月15日）までに、税務署に提出すれば大丈夫**です。

　消費税も同様に課税所得がなければ課税所得および税額の欄に0円と書いて、8月31日までに中間申告書を提出します。

　うっかり提出期限をすぎてしまったら、納付書に記載どおりの税金をいったん納めておき、翌年申告して、支払いすぎた税金を取り戻します。

❸ 資産を法人に譲渡する場合の消費税に注意!

　個人事業主時代の商品在庫や内装設備、パソコンや工具類、自動車など
の減価償却資産を法人に売却した場合は、その分の消費税を個人事業最後
の申告に含めて納付しなければならないので注意してください。税の世界
では、個人事業を営むあなたと法人は別の人格なので、株主も役員もあな
た1人だけの会社だったとしても、第三者に売却したときと同じ処理が求
められるからです。

　何だか、損をしたような気分になりますが、安心してください。ここで
納付した消費税は、全額とはいえませんが、あとで法人の申告によって取
り戻すことができます。

　取り戻す方法は、それぞれ次のように考えます。

　まず商品については3年後、法人として最初の消費税の申告をした年に、
その年の期首に持っていた在庫分にかかる消費税を、納付すべき消費税か
らマイナスすることができます。

　また内装設備や自動車などは、消費税を含めた金額で減価償却費の計算
をすることで、消費税分だけ法人税の金額が少なくなり、時間は少しかか
りますが、取り戻すことができるしくみになっているのです。

❹ 資産を売却するときの適正な金額は?

　では、これらの資産はいくらで売却すればよいのでしょうか?　消費税
がかかるなら、1円でも安く売りたいと思うのが人情でしょう。個人事業
主である自分から、自分でつくる会社に売るのですから、いくらで売って
も自由にできるかというと、税務署はそんなに甘くはありません。

　自動車など時価相場があるものは時価に近い金額で、**パソコンや工具な
ど相場のないものは帳簿価額で譲渡**をします。また商品のように販売目的
で所有している在庫の時価は、本来なら販売価額ということになりますが、
法人成りの場合は、帳簿価額か販売価額に70%をかけた金額のどちらか
高いほうの金額でよいとされています。

　もし時価よりも大幅に低い金額で売却すると、時価で売却したものとみ
なされ、個人には所得税や住民税、法人には法人税がかかってしまいます。
安易に安く売却して、かえって高い税金をとられないよう慎重に検討しま
しょう。

改訂2版 最新 いちばんわかりやすい
会社のつくり方がよくわかる本

2020年 2 月29日　初版第1刷発行
2024年 5 月31日　初版第5刷発行

著　者　　原　尚美
発行人　　柳澤淳一
編集人　　久保田賢二
発行所　　株式会社　ソーテック社
　　　　　〒102-0072 東京都千代田区飯田橋4-9-5　スギタビル4F
　　　　　電話：注文専用 03-3262-5320
　　　　　FAX：　　　　 03-3262-5326
印刷所　　図書印刷株式会社

©NAOMI HARA 2020, Printed in Japan
ISBN978-4-8007-2077-1